لا شریک

HAJI SAYEED ALAM

BlueRoseONE.com
Stories Matter
NewDelhi • London

BLUEROSE PUBLISHERS
India | U.K.

Copyright © Haji Sayeed Alam 2023

All rights reserved by author. No part of this publication may be reproduced, stored in a retrieval system or transmitted in any form or by any means, electronic, mechanical, photocopying, recording or otherwise, without the prior permission of the author. Although every precaution has been taken to verify the accuracy of the information contained herein, the publisher assume no responsibility for any errors or omissions. No liability is assumed for damages that may result from the use of information contained within.

BlueRose Publishers takes no responsibility for any damages, losses, or liabilities that may arise from the use or misuse of the information, products, or services provided in this publication.

For permissions requests or inquiries regarding this publication, please contact:

BLUEROSE PUBLISHERS
www.BlueRoseONE.com
info@bluerosepublishers.com
+91 8882 898 898
+4407342408967

ISBN: 978-93-5819-652-8

First Edition: October 2023

لاشریک !

کچھ لوگوں کے نزدیک شاعری کا مصرف یہ ہوتا ہے کہ وہ زندگی کی تلخیوں کو آئینہ دکھائے اور ملن کی مٹھاس اور جدائی کی پھانس کو احساس کی زبان دے محترمی سعید عالم کے اشعار سے یہ ظاہر ہوتا ہے کہ وہ اس راہ کی تلخ حقیقتوں سے نبرد آزماد ہے ان کی شاعری نظریاتی پختگی اور نظریاتی بلوغت کی شاعری ہے ان کے شعروں میں زندگی کا احساس انتہائی شدید ہے بیسویں صدی کے جدید صنعتی عہد سے فرد کی ذہنی و فکری خود شماری پر جتنی شدت کے ساتھ یلغار کی ہے اس سے پہلے کسی عہد نے نہیں کی تھی معاشرے کے دیگر پہلوؤں پر ہی نہیں شعر وادب کے تخلیقی میدانوں میں بھی آسانی سے دیکھا جا سکتا ہے ان کی اظہار کی روانی ان کے ارد گرد پھیلی زندگی میں جو نشیب و فراز آئے ہیں معاشرے میں جو اتھل پتھل ہوتی ہے وہ سب مختلف روپ میں ان کے کلام میں نظر آتا ہے یوں ان کے شعر دل میں اتر جاتے ہیں۔اے زاہد توصف رنداں میں آجا۔ میر اساقی امامت کر رہا ہے وہ بہت ...اور روشن خیال شخصیت کے مالک ہیں اور رسمی تکلفات سے مبرا ان کے اشعار انہیں قربتوں اور دوریوں کی داستاں سناتے ہیں تاریخ گواہ ہے کہ آزادی کا پرچم ہو یا زنداں کا خوفناک اندھیرا۔ وہ میر کا زمانہ رہا ہوں یا رسوا کا پھر غالب کا انداز تکلم۔ اقبال کا نعرہ ہو یا نظیر کی عوامی پہچان شاعری نے اپنی بلندی کی پرواز کو آسمان تک پہنچایا ہے اس کی اہمیت تسلیم کی ہے عہد جدید کے شعرا رہے ہوں یا عہد قدیم بہر حال شاعری اپنی خدادا اصلاحیتوں سے معاشرے کے کھوکھلے پن کو بے نقاب کرتا ہے شاعری شاعری کے جذبات کا اور محسوسات کا فنکارانا اظہار کا نام ہے اسی طرح حاجی سعید عالم جانی مانی شخصیت کا نام ہے ہزاروں سال نرگس اپنی بے نوری پہ روتی ہے تب کہیں جا کر حاجی سعید عالم جیسے قلندرانہ صفت انسان دنیا میں آتے ہیں بہت سے لوگ اتنے اچھے ہوئے ہیں کہ ان کے لئے دل سے دعا نکلتی ہے اللہ اس فرشتے کو انسان بنا دے چنانچہ دعا قبول ہوئی فرشتہ انسان بن گیا مخلص اور سنجیدہ ان کی شخصیت کے ان پہلوؤں کی آگاہی اس کام کی ضمانت ہیں۔

حاجی سعید عالم کے کلام میں نہ جانے کونسا جادو ہے جو بھی سنتا ہے پڑھتا ہے اس سے اکتاتا نہیں نہ قاری بور ہوتا ہے تصوف سے ان کا جذباتی لگاؤ ہے خدا پر ان کا مکمل بھروسہ ہے۔

خانہ دل میں بسا ہے ایک تو
کیوں نظر کو ہے کسی کی جستجو

جس کو خدا کی ذات پر ایمان نہیں رہا
جینا تو جینا مرنا بھی آساں نہیں رہا

جام وحدت ساقیا سے جب عطا ہونے لگے
رند میخانے کے عالم پارسا ہونے لگے

کفر تاریکی جہالت سے بھرا تھا یہ جہاں
آپ کیا تشریف لائے سب فنا ہونے لگے

آپ نے اپنی زندگی ایک آزاد تخلیقی کار کی طرح گزاری غیر ضروری پابندیاں قبول کرنے سے ہمیشہ انکار کیا ہے۔

شہر سے گاؤں کی طرز زندگی اچھی لگی
آم کے باغوں میں کوئل کوکتی اچھی لگی

باسی روٹی چھاچھ اور گڑ ناشتہ دیتی ہے ماں
اے امیران شہر وہ مفلسی اچھی لگی

آپ کے مزاج میں وہی معصومیت اور سادگی ہے جو عمر کی پختگی کے باوجود برقرار ہے۔

یاد جس دن مجھے نانی کی کہانی آئی
میرے خوابوں میں وہی پریوں کی رانی آئی

فیض احمد فیض نے کہا تھا:

گنگناتی ہوئی آتی ہیں فلک سے بوندیں
کوئی بدلی تیری پازیب سے ٹکرائی ہے

سعید عالم کا شعر مستانی ہواؤں نے گیسو ترے بکھرائے

میخانے سے مسجد تک گھنگھور گھٹا چھائی

کیا خوبصورت انداز بیان ہے

میں تیری ذات سے وابستہ رہوں گا ہر دم
ایک بے نام تعلق ہوں بنھا لے مجھ کو

ان کی شاعری میں جذبات کی شدت اور اظہار کے فن کے ساتھ ساتھ حسن کی نزاکت کا خوبصورت امتزاج نمایاں ہے نگاہ بصیرت شاعری فنی اور فکری طور پر ترقی کی منزلوں اور بلندیوں کی طرف بڑھتی گئی حیات اور کائنات کی گہرائیاں غزل کے پیکر میں ڈھلنے لگیں زندگی کے کرب و آلام اور بے رحم حقیقتوں کو جیسے تمام شعر غزل کے آنچل میں سمیٹ لئے زندگی کے گھور اندھیروں میں غزل کی شمع روشن کی

وہ پھولوں کی مہکتی وادیاں آواز دیتی ہیں
قفس والوں تمہیں آزادیاں آواز دیتی ہیں یا پھر

شب بھر جلا ہوں میں بھی چراغوں کے ساتھ ساتھ
کوئی شب و صال نہ آئے تو کیا کروں

میں مبارک باد دیتی ہوں اتنی بہترین اور خوبصورت غزلوں کے تخلیق کار کو خدا کامیاب کرے اللہ حاجی سعید عالم کو اور ان کی غزلوں کو لمبی عمر دے اور خدا اسے ان کا تعلق ایسے ہی برقرار رہے۔

متفرقات

بگڑی قسمت کو جگمگانا ہے
پھر انھیں اپنے گھر بلانا ہے

بارشیں کب کسی کو روکے ہیں
یہ نہ آنے کا ایک بہانہ ہے

ہم فقیروں سے مت الجھئے گا
ہم خفا ہوں تو کیا ٹھکانا ہے

گھنگھور گھٹا چھائی پھر یاد کوئی آئی
دل جس کو پکارے ہے وہ ہو گیا ہرجائی

اے جان وفا تو نے کچھ ایسی ادا پائی
ہر شخص ہے شیدائی تیرا ہی تمنائی

ہوش مئے خواروں کو اب تک اس لئے آیا نہیں
ساقیا تری اداؤں کا نشا چھایا نہیں

للہ اپنے جلوؤں سے پاگل نہ کیجئے
تیر نگاہ ناز سے گھائل نہ کیجئے

کالی گھٹا کی ضد میں آجائے ماہتاب
چہرے پہ اپنے زلف کا بادل نہ کیجئے

پتھرا نہ جائیں آپ کی آنکھیں کہیں سعید
یوں انتظار یاد مسلسل نہ کیجئے

(شافعہ شاد)

فہرست

وہ اک نگاہ کرم جس پہ ڈال دیتا ہے

1 .... اسی بشر کی زمانہ مثال دیتا ہے

میرا ہمنوا میرا ہمسفر تو وہی تو ہے

3 .... جو ہے رہبروں کا بھی راہبر تو وہی تو ہے

تیری تعریف کیوں کر ہو مجھ سے بیاں

5 .... تو نہاں تو عیاں تو وہاں تو یہاں

دوست ہو جاتا ہے جو اس کو صلہ دیتا ہوں میں

7 .... اس کے دست و پا زباں اور آنکھ بن جاتا ہوں میں

9 .... خدا سب کی کفالت کر رہا ہے سبھی پہ اپنی رحمت کر رہا ہے

میں صدقے جاؤں جس کا پیرہن مخمل نہ ململ ہے

10 .... پھٹا سا بوریا بستر ہے ایک بوسیدہ کمبل ہے

کیوں نہ ہو رغبت ہمارے دل کو انجانوں کے ساتھ

11 .... اب تو دم گھٹنے لگا ہے جانے پہچانوں کے ساتھ

ہے زمانہ سے تیری ادا مختلف

13 .... مجھ کو ہر روپ میں تو ملا مختلف

ہم کو جینا سکھا گیا کوئی رسم الفت نبھا گیا کوئی 15

دل کہیں لگتا نہیں ہے آپ کے جانے کے بعد
پھر وہی بے تابیاں ہیں لاکھ سمجھانے کے بعد 17

وہ جس کے نور سے ہر سواا جالے بحر و بر میں ہیں
اسی کے دیکھئے جلوے عیاں شمس و قمر میں ہیں 18

شوخ نظر کے پیمانوں کو چھوڑ ذرا
روح میں اترے سناٹوں کو توڑ ذرا 19

جام وحدت ساقیا سے جب عطا ہونے لگے
رند میخانے کے عالم پر سا ہونے لگے 21

بااثر تیری نظر ہے مجھے معلوم نہ تھا
برق سا اس میں اثر ہے مجھے معلوم نہ تھا 22

خیالوں میں جو آتا ہے کبھی کوئی کبھی کوئی
شب فرقت جگاتا ہے کبھی کوئی کبھی کوئی 23

کیا عجب آپ محبت کا صلہ دیتے ہیں
اپنے پروانوں کو جلنے کی سزا دیتے ہیں 25

بن پیے ہم بہکنے لگے ہیں جام الفت چھلکنے لگے ہیں 26

دیر تک بات ہو اور کیا چاہئے چاندنی رات ہو، تو میرے ساتھ ہو 28

ایک دن اور کم ہو گئ زندگی بے رحم ہو گئی 29

دشمنی تو ہے پھر دشمنی دوستی کا بھروسہ نہیں
مجھ کو اپنوں کی اس بھیڑ میں اب کسی کا بھروسہ نہیں 30

تمہارا ساتھ ملا ہم سنور گئے جاناں
تمام حادثے سر سے گزر گئے جاناں 32

وہ پھولوں کی مہکتی وادیاں آواز دیتی ہیں
قفص والوں تمہیں آزادیاں آواز دیتی ہیں 34

مسافر اب کوئی آتا نہیں ہے سرائے کا نشاں پاتا نہیں ہے 36

میرے ساقی کی نظر کرم دیکھئے
ہو گئے کتنے سیر اب ہم دیکھئے 38

دولت درد عطا کی ہے گلا کیسے کریں
خوب ہیں آپ کے احسان ادا کیسے کریں 39

راس آتے نہیں دنیا کے اجالے مجھ کو
اے شب وقت کسی طور چھپا لے مجھ کو 41

جیسے دریاؤں پہ ہوتا ہے سمندر بھاری
بادشاہوں پہ ہمیشہ ہے قلندر بھاری 42

دل کو کہیں قرار نہ آئے تو کیا کروں
ہر پل کسی کی یاد ستائے تو کیا کروں 44

تم نے دیا ہے غم مجھے احسان ہے بہت

مجھ سے یہ درد غم بھی پریشان ہے بہت 46

مری غزلوں کو زندگانی دے بحر الفاظ کو معنی دے 48

ہمیشہ ان کے آنسو بولتے ہیں بھلا کب زخمی آہو بولتے ہیں 50

جب غم جانا ہمارا ہم سفر ہو جائیگا

زندگی کا لمحہ لمحہ معتبر ہو جائیگا 52

لوٹ آ ئے جانے والے لوٹ آ گھر لوٹ آ

زخم دیتے ہیں تیری یادوں کے خنجر لوٹ آ 54

دیکھئے بزم میں وہ حسیں آ گیا

جس کے آتے ہی رنگ دھنک چھا گیا 55

تیری بے نور سی آنکھوں میں جو تنہائی ہے

یہ کسی چاہنے والے کی تمنائی ہے 56

کون سچا ہے یہ چہرے سے عیاں ہوتا نہیں

ہر کوئی تو ہم خیال ہم زباں ہوتا نہیں 57

خانۂ دل میں بسا ہے ایک تو

کیوں نظر کو ہے کسی کی جستجو 59

ہر گھڑی ایک بے کلی سی ہے آپ کے بن بہت کمی سی ہے 60

خصلت شیطان ہے انسان کی اے خدا اب خیر ہو ایمان کی	62

ساقی ترے مے خوار ہی پینے نہیں آتے
کیوں لوٹ کے وہ دن وہ مہینے نہیں آتے 63

زلف رخسار پہ لہرا کے بکھرنے دیجئے
حسن کو اور ذرا اور نکھرنے دیجئے 64

شہر سے گاؤں کی طرز زندگی اچھی لگی
آم کے باغوں میں کوئل کو کوکتی اچھی لگی 66

عطا اک ساقی کوثر سے مجھ کو جام ہو جائے
تو جتنے جنتی ہیں ان میں اپنا نام ہو جائے 68

پیاس ایسی ہے کہ دریا سے چھپا رکھی ہے
ہم نے ساقی سے بڑی آس لگا رکھی ہے 70

غزالوں کی جوانی بولتی ہے غزل سے جب روانی بولتی ہے	72
راہ حق کی سدا جستجو کیجئے مغفرت کی اگر آرزو کیجئے	74

جو بھی تخلیق ہے خالق سے خفا لگتی ہے
اس لئے دنیا کی ہر چیز فنا لگتی ہے 76

جب غم یار کو سینے میں بسایا میں نے
خود کو اک لمحہ بھی تنہا نہیں پایا میں نے 78

سر خمیدہ ہی رہا تیری رضا کے واسطے
ہاتھ میں نے کب اٹھائے ہیں دعا کے واسطے 80

دنیا کے ساتھ خود کو بدلنے نہ دیجئے
عظمت بڑوں کی دل سے نکلنے نہ دیجئے 82

جو ہیں ساقی کے فرائض وہ نبھاتے بھی نہیں
اپنے ہاتھوں سے کوئی جام پلاتے بھی نہیں 83

ادیبوں میں کلاکاری بہت ہے
مگر کچھ میں دل آزادی بہت ہے 84

خود ناپسند راہ پہ چلنا پڑا مجھے
دنیا بدل گئی تو بدلنا پڑا مجھے 86

میکدہ میں آج جشنِ عام ہونا چاہئے
ساقیہ ہر ہاتھ میں ایک جام ہونا چاہئے 88

پھر نہیں اپنے گھر بلانا ہے   بگڑی قسمت کو جگمگانا ہے 89

رہِ حیات میں تنہا ہوں اب کدھر جاؤں
ہوں کشمکش میں ادھر جاؤں کہ اُدھر جاؤں 91

پتّوں کو ٹہنیوں سے گراتی رہی ہوا
بدلی جو ہر تو پھول کھلاتی رہی ہوا 93

ان سے بچھڑ کے چین سے سویا نہیں ہوں میں

لیکن یہ بات دوستوں کہتا نہیں ہوں میں 94

ہوش ہوتے بھی لڑکھڑاؤں میں رو بر و جب بھی ان کو پاؤں میں 96

کہ ادنی کردار کا نہیں ہوں اسی لئے میں بڑا نہیں ہوں 98

درد دل لے ہے انگڑائیاں جب بھی چلتی ہیں پروائیاں 100

تیرے بغیر میں اک پل بھی رہ نہیں سکتا

مگر یہ بات کسی سے بھی کہہ نہیں سکتا 102

ہم تو پل بھر نہ رہے دوستوں یاروں کے بغیر

وہ بھی کیا گل ہیں کھلا کرتے ہیں خاروں کے بغیر 103

ظالموں خاک نہ کر دے تمہیں ہائے کوئی

اب نہ مظلوم کو دنیا میں ستائے کوئی 105

گھنگھور گھٹا چھائی پھر یاد کوئی آئی

دل جس کو پکارے ہے وہ ہو گیا ہر جائی 107

سب چاہتے ہیں اس کو یہ قسمت کی بات ہے

وہ مجھ کو چاہتا ہے یہ عزت کی بات ہے 109

زخم تیغ عشق جس نے اے ظفر کھایا نہیں

زندگی بھر اس نے خود اپنا پتہ پایا نہیں 111

ہمارے جانب سے اک پل بھی کبھی بھی جو بے خبر نہیں ہے

حساب لے گا کو جو روز محشر اُدھر ہماری نظر نہیں ہے 113

یاد جس دن مجھے نانی کی کہانی آئی

میرے خوابوں میں وہی پریوں کی رانی آئی 114

بیتے دنوں کا ذکر کر مسلسل نہ کیجیے

اس خوشگوار شام کو بوجھل نہ کیجیے 116

آؤ پیغامِ وفا سب کو سنایا جائے

اب نہ دھرتی پہ کہیں کوئی ستایا جائے 118

دوستو جس جا میسر آب و دانہ ہو گیا

ہم پرندوں کا وہاں کچھ دن ٹھکانہ ہو گیا 120

وفا کی داستاں کہنے لگا ہے لہو آنکھوں سے پھر بہنے لگا ہے 121

اٹھائے سر پہ کوہِ غم گیا ہے تیری دنیا میں جو بھی رم گیا ہے 123

سونے چاندی سے لبالب جب خزانے ہو گئے

پست کرداروں کے تب اونچے گھرانے ہو گئے 124

جب سے چمن کے فتنہ شعاروں سے دور ہوں

چرخہِ کہن کے پنہاں شراروں سے دور ہوں 126

عالمِ فراق یاد میں یوں چشم تر نہ ہو

ایسی تو کوئی شب نہیں جس کی سحر نہ ہو 128

غائبانہ سا تعارف ہے ثنا شنائی ہے
دل وہ بیتاب کو ملنے کا تمنائی ہے 130

جس کے سینے میں نور ہوتا ہے ہر اندھیرے سے دور ہوتا ہے 132

خدا کرے رہ الفت پہ لے کے آؤں اسے
بھٹک گیا ہے سہی راستہ دکھاؤں اسے 134

ہر کوئی معتبر نہیں ہوتا راہبر ہم سفر نہیں ہوتا 136

غم کی اندھیری رات ہے یوں منتشر نہ ہو
اک ہم نشیں کے واسطے اے دل مصر نہ ہو 138

وہ سمجھتے ہیں فقط ہم ہیں نوا با نا مزاج
ایک سے بڑھ کر ہے ایک دنیا میں شاہانا مزاج 140

یہ جہاں ہے کیا ذرا سوچے یہاں چار دن کا قیام ہے
جو چلا گیا وہ چلا گیا یہ تو عبرتوں کا مقام ہے 142

تیرے جلووں کے مقابل کوئی اب کیا رکھے
میرے محبوب سلامت تجھے اللہ رکھے 144

مدت کے بعد منزل مقصود تک گئے
وہ ہم سفر تھے راستے خود ہی چمک گئے 146

آ جا کہاں ہے تو میرے دل کے قریب آ
مل بیٹھ کر بنائیں گے اپنے نصیب آ 148

چاند کی آرزو نہیں کرتے خود کو بے آبرو نہیں کرتے 149

خوش قسمتی کہ آپ کا دیدار ہو گیا

سویا نصیب پھر میرا بیدار ہو گیا 151

تیرے لب پہ داستاں کچھ اور ہے

صاف ہی کہہ دے کہ ! ہاں کچھ اور ہے 153

جس کو خدا کی ذات پہ ایماں نہیں رہا

جینا تو جینا مرنا بھی آساں نہیں رہا 155

تم تو دل کو اک لہو کی بوند سمجھے تھے جناب

دیکھنے والوں نے قطرے میں سمندر پا لیا 157

غزل 1

وہ اک نگاہ کرم جس پہ ڈال دیتا ہے
اسی بشر کی زمانہ مثال دیتا ہے

ہیں ایک جیسے مگر شان کبریا دیکھو
شناخت سب کو جدا خدوخال دیتا ہے

ہے گھر میں باعث رحمت بزرگ کا ہونا
درخت دھوپ کو سائے میں ڈھال دیتا ہے

ادب نواز سمجھئے اسی سخن ور کو
پیام حق کو جو شعروں میں ڈھال دیتا ہے

کہیں سنامی کہیں زلزلے کہیں سیلاب
وہ ایک پل میں سمندر اچھال دیتا ہے

کنارے لا کے ڈبوتا ہے اور کبھی مولی
بھنور سے ڈوبتی کشتی نکال دیتا ہے

بہت حسین ہے انداز ِ سخن اسکا
بڑے خلوص سے قاتل کو ٹال دیتا ہے

تری غزل میں ہے عالمؔ وہ درد پوشیدہ
جو سنگ دل کے بھی آنسو نکال دیتا ہے

***

حمد 2

میرا ہمنوا میرا ہمسفر تو وہی تو ہے
جو ہے رہبروں کا بھی راہبر تو وہی تو ہے

جو نہ آئے ہوتے ہوئے نظر تو وہی تو ہے
ہے رگ گلو سے قریب تر تو وہی تو ہے

تیرے نور سے ہوئی دو جہاں کی ابتدا
ہے جو چاند تاروں میں جلوہ گر تو وہی تو ہے

تو جو چاہے بینا بھی راہ حق کو نہ پا سکے
جو دکھائے اندھوں کو بھی ڈگر تو وہی تو ہے

جو سمائے دن کو اندھیریوں کے لباس میں
جو اندھیریوں میں کرے سحر تو وہی تو ہے

تیرا کام ہے مجھے گمراہی سے نکالنا
جسے خلق کہتی ہے راہبر تو وہی تو ہے

تیری رحمتوں کی نہیں ہے کوئی بھی انتہا
جو خطائیں کرتا ہے درگزر تو وہی تو ہے

میں وہی ہوں جس کو اجل سے ہے تیری آرزو
میرے روپ میں جو ہے جلوہ گر تو وہی تو ہے

تیری اک نگاہ کرم ہو آقا سعیدؔ پہ
ہے جو غم کے ماروں کا چارہ گر تو وہی تو ہے

***

حمد 3

تیری تعریف کیوں کر ہو مجھ سے بیاں
تو نہاں تو عیاں تو وہاں تو یہاں

تو ہی موجود دلکش نظاروں میں ہے
ہے خزاؤں میں تو ہی بہاروں میں ہے
تو بہت پاس ہے پھر بھی ہیں دوریاں
تیری تعریف کیوں کر ہو مجھ سے بیاں

تو ہی مجدھار میں اور کناروں میں ہے
تند طوفان کے تیز دھاروں میں ہے
دریا دریا تراتا ہے تو کشتیاں
تیری تعریف کیوں کر ہو مجھ سے بیاں

تو ہی ارزو سماں کی بہاروں میں ہے
تو ہی شمش و قمر اور تاروں میں ہے
تیرا ہی نور سب میں عیاں اور نہاں
تیری تعریف کیوں کر ہو مجھ سے بیاں

وادیوں میں ہے تو کوہ ساروں میں ہے
تو شجر اور حجر آبشاروں میں ہے
تو ہی عالم کا ہے خالق دو جہاں
تیری تعریف کیوں کر ہو مجھ سے بیاں

***

غزل4

دوست ہو جاتا ہے جو اس کو صلہ دیتا ہوں میں
اس کے دست و پازباں اور آنکھ بن جاتا ہوں میں

عشق جانا میں جہاں حد سے گزر جاتا ہوں میں
رو برو اپنے تصور میں وہیں پاتا ہوں میں

آرزو مدت سے جس کی تھی وہی قاتل ادا
چہرہ چہرہ اس جمال یار کو پاتا ہوں میں

لذت دنیا کے آگے شدت و غم کچھ نہیں
ہوگا جب محشر بپا اس دن سے گھبراتا ہوں میں

ساقیا یہ بھی تری نظر کرم کا ہے طفیل
تیرے مۂ خانہ سے ہو کر پارسا جاتا ہوں میں

ابن آدم ہوں حدوں سے پار جا سکتا نہیں
بہتے دریا کی طرح ساحل سے ٹکراتا ہوں میں

وسعت پرواز میری تم نے دیکھی ہی نہیں
دیدۂ بینوں کو بھی اک تارہ نظر آتا ہوں میں

اب رقیبوں سے گلا عالمؔ کریں تو کیا کریں
دوستوں کو بھی کہاں ایک آنکھ اب بھاتا ہوں میں

***

غزل5

سبھی پہ اپنی رحمت کر رہا ہے
خدا سب کی کفالت کر رہا ہے

دکھاوے کی عبادت کر رہا ہے
کہاں بندہ اطاعت کر رہا ہے

ہواؤں سے بغاوت کر رہا ہے
دئے کی جو حفاظت کر رہا ہے

ہوا کا بلبلا پانی پہ بیٹھا
تکبر کی وضاحت کر رہا ہے

اے زاہد اب صف رندا میں آجا
میرا ساقی امامت کر رہا ہے

گلوں سے زخم جس نے کھائے عالمؔ
وہ خاروں سے محبت کر رہا ہے

***

نعتیہ کلام

غزل6

میں صدقے جاؤں جس کا پیرہن مخمل نہ ململ ہے
پھٹا سا بوریا بستر ہے ایک بوسیدہ کمبل ہے

بنا اسم محمد ﷺ کلمۂ توحید آدھا ہے
محمد کی محبت دین حق کی شرط اول ہے

بنا کہ رحمت اللعالمین اللہ نے بھیجا
یقینا آپ کی ہستی ہر اک صورت مکمل ہے

انھیں کے در سے ملتا ہے شہنشا و گداگر کو
انھیں کے در سے جاری چشمۂ رحمت مسلسل ہے

وہ رتبہ کاش مل جائے مجھے عشق محمد میں
زمانہ پہ پکارے اٹھے سعید عالم تو پاگل ہے

***

غزل 7

کیوں نہ ہو رغبت ہمارے دل کو انجانوں کے ساتھ
اب تو دم گھٹنے لگا ہے جانے پہچانوں کے ساتھ

اب خدا کے واسطے کھیلو نہ ارمانوں کے ساتھ
جل رہی ہے شمع جاں اپنے پروانوں کے ساتھ

اہل گلشن کی سیاست اب کہاں لے جائے گی
ہر پرندہ قید میں ہے اپنے ارمانوں کے ساتھ

خانۂ دل میں تڑپتی ہیں بہت سی حسرتیں
کاش کچھ لمحے گزاروں اپنے مہمانوں کے ساتھ

دیر کعبہ و کلیسا میں اسے ڈھونڈا صدا
ہر قدم ہر وقت رہتا ہے جو انسانوں کے ساتھ

تیری محفل ہو کہ ہو کوئی مزار خستہ حال
شمع تو جلتی رہے گی اپنے پروانوں کے ساتھ

حاصل مقتل ہم ہی ہیں زینت مقتل ہم ہی
نام لکھئے گا ہمارا اپنے دیوانوں کے ساتھ

پھر بھی عالم کو شکایت ہے اسی کی ذات سے
ایک عالم جی رہا ہے جس کے احسانوں کے ساتھ

***

غزل8

ہے زمانہ سے تیری ادا مختلف
مجھ کو ہر روپ میں تو ملا مختلف

بولیاں مختلف اور نوا مختلف
ہر کسی کی ہے طرز ثنا مختلف

غنچۂ گل جدا رنگ و بو ہے جدا
طائران چمن کی نوا مختلف

ذرہ ذرہ میں تنویر تیری نہاں
ہم نے پایا تجھے بارہا مختلف

ہیں مذاہت ترے اور معبد کدے
تجھ کو پانے کا ہر راستہ مختلف

حاکم وقت کا فیصلہ دیکھئے
جرم حق گوئی کی دی سزا مختلف

مجھ کو دریا سے مل کر روانی ملی
قطرہ قطرہ نہ ہر گز بہا مختلف

خون دل اب تو آنکھوں سے بہنے لگا
موسم ہجر اب کے رہا مختلف

کیسے ہوگی شفا تیرے بیمار کو
روگ ہے مختلف اور دوا مختلف

نور سے نور کا جب ہوا سامنا
اس گھڑی چمکے ارض سماں مختلف

مانگتی تھی دعائیں نہ آئے سحر
اس شب و صل کی التجا مختلف

نجم و شمس و قمر جگنو فشاں
دونوں عالم میں تیری ضیا مختلف

***

غزل 9

رسم الفت نبھا گیا کوئی
ہم کو جینا سکھا گیا کوئی

اپنی مستی بھر نگاہوں سے
جام وحدت پلا گیا کوئی

بجھ نہ پائے گی آخری دم تک
دل میں آتش لگا گیا کوئی

میکدہ جس کے دم سے ہے روشن
ایسی شمع جلا گیا کوئی

میکشو تم بھی ہوش میں آؤ
حشر کیا کیا اٹھا گیا کوئی

قافلہ آگیا تھا منزل تک
بن گیا یونہی رہنما کوئی

ہم ہی بخشیں گے دار کو عزت
انقلابی بنا گیا کوئی

اک کہانی کے روپ میں عالم
آپ بیتی سنا گیا کوئی

***

غزل10

دل کہیں لگتا نہیں ہے آپ کے جانے کے بعد
پھر وہی بے تابیاں ہیں لاکھ سمجھانے کے بعد

تیری یادیں آتش فرقت کو دیتی ہیں ہوا
تشنگی بڑھنے لگی کالی گھٹا چھانے کے بعد

عاشق و معشوق کے مابین کیا شکوہ گلا
پھر گلے سے لگ گئے تکرار ہو جانے کے بعد

ہم سفر تھے چاند تارے بوئے گل اور تتلیاں
ہر نظارہ گل ہوا ہے آندھیاں آنے کے بعد

جس کو لانی تھی خبر اے دوستوں پا تال کی
وہ ستارہ گل ہوا دھرتی سے ٹکرانے کے بعد

دیکھیے ناصح کے چہرہ پہ دھنک رنگ چھا گیا
آج ساقی سے پیالہ نوش فرمانے کے بعد

***

غزل 11

وہ جس کے نور سے ہر سوا اجالے بحر و بر میں ہیں
اسی کے دیکھئے جلوے عیاں شمس و قمر میں ہیں

قدم تیرے بھٹک جائیں نہ ہر گز راہ الفت میں
بلا شک راستے مانا بڑے سنگ و شرر میں ہیں

اے میرے خضر منزل تک ہماری رہ نمائی کر
ابھی تو اور بھی فتنے بہت سے رہ گزر میں ہیں

تھا قتل عام شاید بے گناہوں کا فقط اس جا
ہزاروں خون کے دھبہ لگے دیوار و در میں ہیں

یوں تقریباً پیمبر ایک سو چوبیس ہزار آئے
نہیں وہ خوبیاں جو صاحب خیر البشر میں ہیں

یہی ہم میکشوں کی ہے عروج بندگی عالمؔ
کہ وقت جانکنی ہے اور حسین چہرہ نظر میں ہے

***

غزل 12

شوخ نظر کے پیکانوں کو چھوڑ ذرا
روح میں اترے سناٹوں کو توڑ ذرا

دیکھنا چاہوں خوابوں کی تعبیروں کو
اپنے مکھ پر لال چنریا اوڑھ ذرا

باد مخالف چلتی ہے تو چلنے دے
گھبرا مت کشتی کے رخ کو موڑ ذرا

موم کی صورت پگھلے گا وہ پتھر بھی
اپنے دل کو اس کے دل سے جوڑ ذرا

دنیا والے تجھ کو جینے کب دیں گے
چپ رہنے کی اپنی عادت توڑ ذرا

دنیا تیرے قدموں میں جھک جائے گی
ٹھوکر مار کے دنیا کو اب چھوڑ ذرا

کاہل مت بن جو چاہے گا پائے گا
میرے ہمدم محنت کر جی توڑ ذرا

آنکھوں دیکھی بات بھی جھوٹی ہوتی ہے
اپنی غلط فہمی کو عالمؔ چھوڑ ذرا

***

غزل 13

جام وحدت ساقیا سے جب عطا ہونے لگے
رند میخانے کے عالم پارسا ہونے لگے

اہل حق کی بات سن کر کیوں خفا ہونے لگے
کیا ہوا سب کے نشانے کیوں خطا ہونے لگے

کفر تاریکی جہالت سے بھرا تھا یہ جہاں
آپ کیا تشریف لائے سب فنا ہونے لگے

بن کے سورج کون ابھرا تیرگی میں دیکھئے
صبح صادق پھر اجالے رونما ہونے لگے

وہ رہا باقی جہاں میں جو ہوا حق پہ نثار
اور دنیا دار دنیا میں فنا ہونے لگے

اب بھلا عالمؔ کسی سے کیا کریں امید خیر
جن سے امید وفا تھی بے وفا ہونے لگے

***

غزل14

با اثر تیری نظر ہے مجھے معلوم نہ تھا
برق سا اس میں اثر ہے مجھے معلوم نہ تھا

جس کی خاطر میں بھٹکتا رہا بستی بستی
دل میرا اس کا ہی گھر ہے مجھے معلوم نہ تھا

تیری محفل میں جو آیا تو یہ جانا ہمدم
قذب گوئی بھی ہنر ہے مجھے معلوم نہ تھا

ایک دن یوم قیامت کا لگایا جو حساب
عمر دنیا تو صفر ہے مجھے معلوم نہ تھا

زہر غم پیتے رہے پیتے رہے پیتے رہے
صبر کا کڑوا ثمر ہے مجھے معلوم نہ تھا

یہ جو تنہائی کا آلم ہے مسلط عالمؔ
زندہ لاشوں کا نگر ہے مجھے معلوم نہ تھا

***

غزل15

خیالوں میں جو آتا ہے کبھی کوئی کبھی کوئی
شب فرقت جگاتا ہے کبھی کوئی کبھی کوئی

کہاں تک ہم رکھیں دل کو بچا کے اپنے پہلو میں
نیا مژدہ سناتا ہے کبھی کوئی کبھی کوئی

بھلا کیا دل لگانا ایسی دنیا سے بتاؤ تو
جہاں سے لوٹ جاتا ہے کبھی کوئی کبھی کوئی

خیال عشق جانا میں کبھی جب محو ہوتا ہوں
تصوف توڑ جاتا ہے کبھی کوئی کبھی کوئی

ضعیفی میں سبھی اعضا جسارت چھوڑ دیتے ہیں
ہر اک لمحہ ستاتا ہے کبھی کوئی کبھی کوئی

اے میرے راہبر آساں نہیں منزل کو پالینا
نئی راہیں دکھاتا ہے کبھی کوئی کبھی کوئی

نظر آتا نہیں جس میں سوا میرے کوئی عالم
وہ آئینہ دکھاتا ہے کبھی کوئی کبھی کوئی

***

غزل 16

کیا عجب آپ محبت کا صلہ دیتے ہیں
اپنے پروانوں کو جلنے کی سزا دیتے ہیں

چاند سے رخ پہ گھرے زلف کے بادل کالے
حسن کو اور بھی رنگیں بنا دیتے ہیں

ان کو بھاتا ہی نہیں کوئی مقابل اپنے
آئینہ اس لئے نظروں سے ہٹا دیتے ہیں

شیشۂ دل پہ نہ تنقید کے پتھر مارو
توڑ کر آئینہ خنجر یہ بنا دیتے ہیں

تم کو عالمؔ نہ سنانے کا سلیقہ آیا
لوگ روداد غزل کہہ کے سنا دیتے ہیں

***

غزل 17

جام الفت چھلکنے لگے ہیں
بن پئے ہم بہکنے لگے ہیں

ہو نگاہ کرم یا الٰہی
دل میں شعلے بھڑکنے لگے ہیں

ان کے آنے سے آئیں بہاریں
غنچہؑ و گل مہکنے لگے ہیں

آپ کی زُلف کے پیچ و خم سے
ناگ کالے لپکنے لگے ہیں

آج مہمان ہیں میرے گھر وہ
چاند تارے دمکنے لگے ہیں

کیسے برکت بھلا ہوگی گھر میں
جس کے برتن کھٹکنے لگے ہیں

کس نے عالم غزل گنگنائی
گو پرندے چہکنے لگے ہیں

***

غیر معروف غزل 18

چاندنی رات ہو، تو میرے ساتھ ہو
دیر تک بات ہو اور کیا چاہئے

چھائیں زلفیں تیری بن کے کالی گھٹا
جم کے برسات ہو اور کیا چاہئے

اپنا دشمن جہاں تو میرا مہرباں
مات ہر گھات ہو اور کیا چاہئے

کوئی روٹھا رہے کچھ بھی کہتا رہے
خوش تیری ذات ہو اور کیا چاہئے

موسم گل بھی ہو ساتھ دلبر بھی ہو
ہاتھ میں ہاتھ ہو اور کیا چاہئے

***

غزل 19

زندگی بے رحم ہو گئی
ایک دن اور کم ہو گئی

سن کے روداد غم آپ کی
آنکھ اپنی بھی نم ہو گئی

کس لئے اتنی ناراضگی
کیا خطا اے صنم ہو گئی

خانۂ دل میں ہو تم مکیں
میری دنیا حرم ہو گئی

پھر تصور میں تم آگئے
وحشت ہجر کم ہو گئی

ان سے عالمؔ نہ کہہ پائے جو
بات نظر قلم ہو گئی

***

غزل20

دشمنی تو ہے پھر دشمنی دوستی کا بھروسہ نہیں
مجھ کو اپنوں کی اس بھیڑ میں اب کسی کا بھروسہ نہیں

دور حاضر میں اے دوستو کیوں کسی کا بھروسہ نہیں
آدمی سے بچے آدمی آدمی کا بھروسہ نہیں

اب تو عاشق ہیں بھنورا صفت جیسے دریا ہے صحرا صفت
یوں نہ چلمن سے جھانکا کرو اب کسی کا بھروسہ نہیں

یاد آیا سنو دوستو ایک درویش کا قول ہے
مت مرو زندگی کے لئے زندگی کا بھروسہ نہیں

اہل گلشن سے کہہ دیجئے پھر سجائیں کوئی بزم شب
روشنی جگنوؤں کی بہت چاندنی کا بھروسہ نہیں

کچھ تو تازہ ہوا آئے گی کھولئے ذہن کی کھڑکیاں
کیجئے روشنی پہ یقیں تیرگی کا بھروسہ نہیں

عاشقوں کو نہ رسوا کریں حسن والوں سے کہہ دیجئے
چار دن کی ہے یہ چاندنی، چاندنی کا بھروسہ نہیں

سوچئے سوچئے قافلہ کیسے آگے بڑھے
رہبر قوم کو آج خود رہبری کا بھروسہ نہیں

زندگی اک امانت ہے عالمؔ جس نے دی ہے اس سونپ دیں گے
موت پر ہے بھروسہ اٹل زندگی کا بھروسہ نہیں

***

غزل 21

تمہارا ساتھ ملا ہم سنور گئے جاناں
تمام حادثے سر سے گزر گئے جاناں

میں وہ ہوں جس کو فرشتوں نے بھی کیا سجدہ
یہ اور بات زمیں پہ بکھر گئے جاناں

تمام عمر شجر دھوپ میں رہا تنہا
قیام کرکے مسافر گزر گئے جاناں

ملے وہ بھٹکے ہوئے خود بھی تیری راہوں میں
تیری تلاش میں ہم تو جدھر گئے جاناں

حواس ہوتے ہوئے بھی جو تجھ کو بھولے ہیں
بغیر موت ہی گویا وہ مر گئے جاناں

تری تلاش میں نکلے ہیں جب بھی دیوانے
مقام عشق کی حد سے گزر گئے جاناں

کسی کی جھیل سی آنکھوں کا ذکر جب آیا
تصوراتی پرندے اتر گئے جاناں

ہمارے ساتھ میں جگنو نہیں پتنگے تھے
جہاں تھا جشن چراغاں ادھر گئے جاناں

ہر اک موڑ سے نکلے ہیں راہزن کیسے
یہ کارواں کے محافظ کدھر گئے جاناں

جدھر بھی دیکھو تباہی کا ایک منظر ہے
ہمارے نالے کہاں بے اثر گئے جاناں

لو کام آہی گیا اپنے صبر کا مرہم
جو زخم تم نے دیے تھے وہ بھر گئے جاناں

گلوں کے چہرے پہ کیسا خزاں کا عالم ہے
کہ اس بہار میں برگ ثمر گئے جاناں

***

غزل22

وہ پھولوں کی مہکتی وادیاں آواز دیتی ہیں
قفس والوں تمہیں آزادیاں آواز دیتی ہیں

ابھی تو دل کے زخموں کا معالج ڈھونڈتا ہوں میں
ابھی سے اجنبی پروائیاں آواز دیتی ہیں

جو آنے کے لئے کہہ کر گئے تھے اور نہیں آئے
انہیں ہر پل میری تنہائیاں آواز دیتی ہیں

مرے ہونے سے قائم ہے توازن تیری دنیا کا
میں سورج ہوں مجھے آبادیاں آواز دیتی ہیں

نہ ہونے دیجئے گا لالچی دولہوں کی نیلامی
چتاؤں سے وطن کی بیٹیاں آواز دیتی ہیں

ہمارا چار تنکوں کا نشیمن ہو نہ گلشن میں
بڑے قہر و غضب کی بجلیاں آواز دیتی ہیں

ضرورت مند کی حاجت روائی بھی ضروری ہے
سنو تو ہر طرف نا داریاں آواز دیتی ہیں

چمن کے پاسبانوں میں تمہارا نام ہے عالمؔ
چلے آؤ چمن کی قمریاں آواز دیتی ہیں

***

غزل 23

سرائے کا نشاں پاتا نہیں ہے
مسافر اب کوئی آتا نہیں ہے

کوئی قاصد نظر آتا نہیں ہے
خبر ان کی کوئی لاتا نہیں ہے

ہر اک لمحہ عجب ہے بے قراری
کسی پہلو سکوں آتا نہیں ہے

حسیں تو لاکھ ہیں دنیا میں لیکن
کوئی تیرے سوا بھاتا نہیں ہے

کوئی لمحہ نہ مجھ پہ ایسا گزرا
جو تیرے غم میں تڑپاتا نہیں ہے

غم جاناں غم جاناں ہے یارو
یہ دولت ہر اک کوئی پاتا نہیں ہے

خلاؤ پہ اسی کا راج ہوگا
اڑانوں سے جو گھبراتا نہیں ہے

سبھی عالم کو دیتے ہیں تسلی
مگر دل کوئی بہلاتا نہیں ہے

***

غزل 24

میرے ساقی کی نظر کرم دیکھئے
ہو گئے کتنے سیراب ہم دیکھئے

منتظر ہوں بہت ہو نگاہ کرم
اک نظر مجھ کو میری قسم دیکھئے

حشمت و جاہ کی ہے اگر آرزو
تو کسی کو نہ اپنے سے کم دیکھئے

جو ہیں مظلوم ظالم بتایا انہیں
حاکمان شہر کا ستم دیکھئے

اپنی قسمت کہوں یا کہ سازش اسے
میرے ہی گھر نکلتے ہیں بم دیکھئے

راہ میں تیز ہے دھوپ عالم تو کیا
ایک دن ہوگا ابر کرم دیکھئے

***

غزل 25

دولت درد عطا کی ہے گلا کیسے کریں
خوب ہیں آپ کے احسان ادا کیسے کریں

اس کے اکرام کے احسان ادا کیسے کریں
ہم پہ الفاظ نہیں حمد و ثنا کیسے کریں

جس کی ہستی ہے سدا نور کی صورت روشن
رو برو اس کے بھلا کوئی دیا کیسے کریں

اس کا احسان کسی حال نہ بھولا ہم کو
اس کے احسان کا ہم شکر ادا کیسے کریں

ہم سفر تھا جو کبھی راہ وفا میں اپنا
زندگی اپنی بسر اس کے سوا کیسے کریں

ہم مسافر رہِ توحید کے تھے آج بھی ہیں
ہم کسی راہ کے پتھر خدا کیسے کہیں

آرزو دل کی تو دل میں ہی رہی ہے عالم
ہو گیا اس کا زمانہ کو پتہ کیسے کریں

***

غزل26

راس آتے نہیں دنیا کے اجالے مجھ کو
اے شب وقت کسی طور چھپالے مجھ کو

تیرا مجرم ہوں مگر تیرا تمنائی بھی
روز اول سے میں تیرا ہوں نبھالے مجھ کو

تیرا دیدار ہوئے ایک زمانہ گزرا
آتش ہجر میں جلتا ہوں بچالے مجھ کو

میں تیری ذات سے وابستہ رہوں گا ہر دم
ایک بے نام تعلق ہوں نبھالے مجھ کو

آگہی کیسی میں خود سے بھی نہیں ہوں واقف
بے خودی روز نئے روپ میں ڈھالے مجھ کو

جو محافظ تھا میری کشتی جاں کا عالم
کر دیا اس نے ہی طوفاں کے حوالے مجھ کو

***

غزل 27

جیسے دریاؤں پہ ہوتا ہے سمندر بھاری
بادشاہوں پہ ہمیشہ ہے قلندر بھاری

لے کے ابراہ چڑھا تھا جہاں لشکر بھاری
پڑ گئے اس پہ ابابیلوں کے پتھر بھاری

تیرے جلوؤں کی بھلا تاب کہاں سے لائیں
چشم موسیٰ پہ ہوا طور کا منظر بھاری

تجھ کو معلوم ہے مدت سے مریض دل ہوں
میرے سینے پہ رکھ ہجر کا پتھر بھاری

ایک دو گھونٹ مۂ آتشاں دیدے ساقی
شیخ صاحب کے لئے رہنے دے ساغر بھاری

ریزہ ریزہ ہوا ایک آن میں قصر نمرود
اذن ربی سے ہوا ایک ہی مچھر بھاری

جاں ہتھیلی پہ لئے آگیا خود ہی عالم
دست نازک سے چھٹک جائے نہ خنجر بھاری

***

غزل28

دل کو کہیں قرار نہ آئے تو کیا کروں
ہر پل کسی کی یاد ستائے تو کیا کروں

وہ حال دل سنے نہ سنائے تو کیا کروں
ہر التجا پہ چپ سی لگائے تو کیا کروں

وہ کہ ستم سے باز نہ آئے تو کیا کروں
چھپ کے نظر کے تیر چلائے تو کیا کروں

ان کی ہر ایک بے رخی میرے جنوں کے ساتھ
صحرا بہ صحرا خاک اڑائے تو کیا کروں

بیرن ہوئی ہے آج کل ساون کی بھی گھٹا
گیسوئے جانا یاد دلائے تو کیا کروں

اس پیکر جمال کا ثانی نہیں کوئی
آنکھوں کو کوئی اور نہ بھائے تو کیا کروں

ناصح یقین جان میں توبہ شکن نہیں
خود ساقیا نظر سے پلائے تو کیا کروں

شب بھر جلا ہوں میں بھی چراغوں کے ساتھ ساتھ
کوئی شب وصال نہ آئے تو کیا کروں

بیٹھا ہوں کب سے دید کی حسرت لئے ہوئے
رخ سے نہ وہ نقاب اٹھائے تو کیا کروں

عالم شب فراق ہو شرمندہ کس طرح
وعدہ نہ اپنا کوئی نبھائے تو کیا کروں

***

غزل 29

تم نے دیا ہے غم مجھے احسان ہے بہت
مجھ سے یہ درد غم بھی پریشان ہے بہت

احسان مت اٹھایئے سامان قتل کا
ترچھی نظر کا ایک ہی پیکان ہے بہت

کھل جائیں گے خزاؤں میں ہر پھول ہر کلی
گلشن میں صرف آپ کی مسکان ہے بہت

لہریں ہی مجھ کو لائی ہیں ساحل پہ کھینچ کر
طوفان میرے عزم پہ حیران ہے بہت

تہذیب نو کے واسطے نفرت بھی ہے مگر
تہذیب نو میں ڈھلنے کا ارمان ہے بہت

فرقہ پرست لوگ ہی دشمن وطن کے ہیں
ان کی چلی تو دوستو نقصان ہے بہت

عالم یہ اور بات کوئی جانتا نہیں
کہنے کو سارے شہر میں پہچان ہے بہت

***

غزل30

بحر الفاظ کو معنی دے
مری غزلوں کو زندگانی دے

ترے کوچے میں بارہا آؤں
حوصلوں کو نئی جوانی دے

کوئی صورت ہو جی بہلنے کی
اہل فرقت میں اپنا ثانی دے

منتظر ہیں سبھی بہاروں کے
کاش پودوں میں کوئی پانی دے

درد جانا جہاں سما جائے
خانۂ دل کو لامکانی دے

ساقیہ کچھ نشہ نہیں ہوتا
اب نئی دے کہ مئے پرانی دے

حاصل زیست کو جس کو لکھ جاؤں
شام ایسی کوئی سہانی دے

اے خدا تجھ سے اور کیا مانگو
اہل عالم کو شادمانی دے

***

غزل31

بھلا کب زخمی آہو بولتے ہیں
ہمیشہ ان کے آنسو بولتے ہیں

ہر اک مصرع رقم ہو خون دل سے
تبھی اشعار اردو بولتے ہیں

امنڈ آتی ہیں تب کالی گھٹائیں
کہ جب لہرا کے گیسو بولتے ہیں

خرام ناز کو آہستہ رکھئے
دھمک پانے سے گھنگرو بولتے ہیں

چھپانے سے کہاں چھپتے ہیں یارو
برے اعمال ہر سو بولتے ہیں

تماشا گر تیری چالاکیوں کو
سب ہی معصوم جادو بولتے ہیں

مقابل کوئی بھی اجائے عالم
بہادر کے تو بازو بولتے ہیں

***

غزل32

جب غم جانا ہمارا ہم سفر ہو جائیگا
زندگی کا لمحہ لمحہ معتبر ہو جائیگا

جب ہر اک انسان خود سے باخبر ہوجائیگا
ابر رحمت سے زمانہ تر بہ تر ہو جائیگا

جب ترا راہ صداقت سے گزر ہوجائیگا
اسے مسافر ہر طرح آساں سفر ہوجائیگا

رات کٹ جائیگی تو وقت سحر ہوجائیگا
پھر تو ہی منظر بہ منظر جلوہ گر ہوجائیگا

فکر دنیا کی جگہ رکھ دل میں فکر آخرت
ایک ایک حرف دعا پھر با اثر ہوجائیگا

تم نے دیکھا ہی نہیں ہے میرے سجدوں کا غرور
خون آلودہ تمہارا سنگ در ہوجائیگا

بوجھ کم کر راہ میں دشواریاں ہیں بے شمار
ورنہ اک کوہ گراں زادِ سفر ہوجائیگا

یوں نہ ہنس کر ٹالئے گا آپ میری التجا
آپ آئینگے تو روشن میرا گھر ہوجائیگا

درحقیقت اہل خانہ سے ہیں گھر کی رونقیں
رہنے والے ہی نہ ہونگے گھر کھنڈر ہوجائیگا

روک لے تیر نگاہ ناز اے جان ادا
ناگہانی خون میرا تیرے سر ہوجائیگا

موسم ہجراں کا عالم ہر گھڑی بے تابیاں
دل کا یہ عالم کہ سب زیر و زبر ہوجائیگا

میرے لفظوں کو عطا کر اپنے لہجے کی مٹھاس
پھر یہی گمنام عالمؔ نامور ہوجائیگا

***

غزل33

لوٹ آ اے جانے والے لوٹ آ گھر لوٹ آ
زخم دیتے ہیں تیری یادوں کے خنجر لوٹ آ

تو سمندر پار بھی پائے گا خود کو تشنہ لب
دیکھ قطرہ میں سمایا ہے سمندر لوٹ آ

چاندنی کی یہ شب غم اس پہ تنہائی مری
خار اب لگنے لگا پھولوں کا بستر لوٹ آ

خواب میں آئی جو ماں تو مجھ سے یوں کہنے لگی
لوٹ آ گھر لوٹ آ گھر لوٹ آ گھر لوٹ آ

یہ بہار گلستان یہ رنگ و بو اور تتلیاں
مجھ کو اب بھاتا نہیں کوئی بھی منظر لوٹ آ

رزق اتنا ہی ملے گا جس قدر مقدود ہے
لوٹ آ عالم خدادا لوٹ آ گھر لوٹ آ

***

غزل34

دیکھیے بزم میں وہ حسیں آگیا
جس کے آتے ہی رنگ دھنک چھا گیا

اک ستارہ چلا تھا جو سوئے زمیں
وہ خدا جانے غوطہ کہاں کھا گیا

ان کے چہرے پہ زلفیں پریشاں ہوئیں
لوگ کہنے لگے چاند شرما گیا

اس کی ہر اک صفت پہ ہے قرباں صفاحت
پرچم حق جو دنیا میں پھیرا گیا

دو قدم جو چلا آپ کی راہ پر
اپنی منزل کا عالم پتہ پا گیا

***

غزل 35

تیری بے نور سی آنکھوں میں جو تنہائی ہے
یہ کسی چاہنے والے کی تمنائی ہے

اپنے اجداد کی چوکھٹ سے بغاوت کی تو
در بدر ہم نے بھٹکنے کی سزا پائی ہے

ڈوبنے والے کو معلوم نہیں ہے شاید
آج ساحل پہ ہر اک شخص تماشائی ہے

صرف انسان بنایا تھا خدا نے جس کو
ہندو مسلم ہے کہیں سکھ کہیں عیسائی ہے

میری تنہائی کا احساس مٹانے کے لئے
مہرباں ہو کے تری یاد چلی آئی ہے

وادی حرص میں خود کو نہ بھٹکنے دینا
ورنہ عالم تری رسوائی ہی رسوائی ہے

***

غزل 36

کون سچا ہے یہ چہرے سے عیاں ہوتا نہیں
ہر کوئی تو ہم خیال ہم زباں ہوتا نہیں

کھلکھلا کر آپ ہنستے ہیں تو کھل جاتے ہیں پھول
بے وجہ تو موسم گل مہرباں ہوتا نہیں

ہم نے اڑنا ہے برابر اپنی منزل کی طرف
ہم پرندوں کا سفر میں آشیاں ہوتا نہیں

ہم انہیں محسوس کرتے ہیں رگ جاں سے قریب
فاصلہ کوئی ہمارے درمیاں ہوتا نہیں

منتشر ہو کر چلیں گے تو بھٹک جائیں گے سب
متحد ہوں گے نہ جب تک کارواں ہوتا نہیں

دوستو ہم ہی چلے آئیں قدرت کے خلاف
ورنہ اس شدت سے برہم آسماں ہوتا نہیں

ہم نے حاصل ہی نہیں کی چشم بینا دوستو
کوئی جا ایسی نہیں ہے وہ جہاں ہوتا نہیں

لازمی ہیں کھڑکیاں گھر میں ہوا کے واسطے
پھر کہیں عالم چراغوں سے دھواں ہوتا نہیں

***

غیر معروف غزل 37

خانۂ دل میں بسا ہے ایک تو
کیوں نظر کو ہے کسی کی جستجو

کوئی اپنا پن نظر آتا نہیں
دیکھ لی ہم نے یہ دنیا چار سو

وصل کی شب ان کو عجلت تھی بہت
کر نہ پائے کرنی تھی جو گفتگو

جان و گل شہزادی و پردہ نشیں
جو تجھے دیکھے کہے وہ ماہ دو

کیا محبت کی یہی معراج ہے
جس طرف دیکھوں نظر آتا ہے تو

گلشن عالم پہ چھا جائے بہار
خوب چہکیں طائران خوش گلو

***

غزل 38

آپ کے بن بہت کمی سی ہے
ہر گھڑی ایک بے کلی سی ہے

مڑ کے دیکھوں تو بت نہ بن جاؤں
وہ تجلی جو طور کی سی ہے

کارواں آنسوؤں کے گزرے ہیں
یونہی آنکھوں میں کب نمی سی ہے

روز ملتے ہیں بات کرتے ہیں
پھر بھی دل میں کشیدگی سی ہے

جس کے خاطر تیاگ دی دنیا
اس کو ہم سے ہی برہمی سی ہے

میرے محبوب تیری فرقت کی
ایک ساعت بھی اک صدی سی ہے

جانِ عالم تمہاری یادوں سے
خانۂ دل میں روشنی سی ہے

***

غزل39

اے خدا اب خیر ہو ایمان کی
خصلت شیطان ہے انسان کی

آندھیوں کے رخ بدلتے تھے کبھی
ہم ہی بھولے آیتیں قرآن کی

سر بلندی کی تمنا دل میں رکھ
عشق میں قیمت نہیں ہے جان کی

در حقیقت رحمتیں نازل ہوئیں
جب بھی گھر آمد ہوئی مہمان کی

بھول بیٹھا ہے خدا کو نا خدا
اس لئے ہمت ہوئی طوفان کی

***

غزل40

ساقی ترے مہٗ خوار ہی پینے نہیں آتے
کیوں لوٹ کے وہ دن وہ مہینے نہیں آتے

یارو جنہیں جینے کے قرینے نہیں آتے
ہاتھ ان کے محبت کے خزینے نہیں آتے

پہلے کی طرح ذائقہ روٹی میں کہاں اب
اب رزق کو پانے میں پسینے نہیں آتے

غواص نہیں ہوتا ہے جو بحر عمل کا
اس شخص کی مٹھی میں نگینے نہیں آتے

پانے کی جستجو جنھیں ہوتی نہیں یارو
خود ان کے پاس چل کے دفینے نہیں آتے

عالم یہ بتا دیجئے اس شوخ کے آگے
کس شخص کے ماتھے پہ پسینے نہیں آتے

***

غزل 41

زلف رخسار پہ لہرا کے بکھرنے دیجئے
حسن کو اور ذرا اور نکھرنے دیجئے

اس شب وصل کی تقدیر سنورنے دیجئے
رات تھوڑی ہی سہی رات گزرنے دیجئے

عاشقی وہ ہے کہ فریاد فلک تک پہنچے
جذبہ عشق ابھی اور ابھرنے دیجئے

چاند بدلی سے جو نکلے تو حسیں لگتا ہے
اب نہ رخسار پہ زلفوں کو بکھرنے دیجئے

اور کچھ دیر رکھیں دست شفا سینے پر
اپنے بیمار کی حالت تو سدھرنے دیجئے

آپ مشکوک نگاہوں سے نہ دیکھیں ہم کو
حاکم وقت کو انصاف تو کرنے دیجئے

غلہ سڑتا ہے تو سڑتا رہے گوداموں میں
بھوک سے لوگ جو مرتے ہیں تو مرنے دیجئے

یوں تو عالم کی ہر اک چیز سے فانی عالم
اعلیٰ کردار کسی حال نہ مرنے دیجئے

***

غزل42

شہر سے گاؤں کی طرز زندگی اچھی لگی
آم کے باغوں میں کوئل کوکتی اچھی لگی

باسی روٹی چھاچھ اور گڑ ناشتہ دیتی ہے ماں
اے امیران شہر وہ مفلسی اچھی لگی

کہکشاں کے بھی ستاروں میں کہاں ایسی چمک
اپنی مٹی کے دیوں کی روشنی اچھی لگی

رقص کرتا مور اور چھائی وہ ساون کی گھٹا
مست ہو کر جھومتی اک مورنی اچھی لگی

چلتے بیلوں کے گلوں کے گھنگروں کے ساز پر
ہل چلاتے ہالیوں کی راگنی اچھی لگی

جگنوؤں کی جگمگاہٹ اور مجیروں کی صدا
شام کا منظر سہانا شانتی اچھی لگی

شام ہوتے ہی پرندے چل دیے گھر کی طرف
بندشوں کے رزق سے آوارگی اچھی لگی

گائے کے بچھڑوں کی جوڑی ایک جیسے ہو بہ ہو
کولہووں کی پاگڑوں میں گھومتی اچھی لگی

بھولے بھالے لوگ ڈرتے ہیں خدا سے رات دن
چھپروں میں بھی خدا کی بندگی اچھی لگی

پھولتی سرسوں نے عالم کیسا جادو کر دیا
دھانی رنگ کی اس کے سر پہ اوڑھنی اچھی لگی

***

غزل 43

عطا اک ساقئِ کوثر سے مجھ کو جام ہو جائے
تو جتنے جنتی ہیں ان میں اپنا نام ہو جائے

عجب سی بیقراری ہے ہمارے خانۂ دل میں
اگر نظر کرم کردو ہمیں آرام ہو جائے

ہے مقصد زندگی کا ہم سے وہ راضی رہے ہر دم
بلا شک پھر ہماری زندگی کی شام ہو جائے

نہ ہر گز لب کشائی کی کبھی ہمت کریں یارو
اشاروں ہی اشاروں میں جو اپنا کام ہو جائے

کسی سے کچھ نہ کہئے میری آنکھوں میں بسے رہئے
محبت پھر کہیں ایسا نہ ہو بد نام ہو جائے

لب دم ہوں خدارا اپنی صورت تو دکھا جاؤ
کہ اپنی زندگانی کا حسیں انجام ہو جائے

حقیقت پھر حقیقت ہے زلیخا تو نہ یوسف میں
تعلق دل سے دل کا کسی طرح نیلام ہو جائے

ہزاروں روپ ہیں اس کے ہزاروں نام ہیں عالم
کہیں رحمان ہو جائے کہیں پہ رام ہو جائے

***

غزل 44

پیاس ایسی ہے کہ دریا سے چھپا رکھی ہے
ہم نے ساقی سے بڑی آس لگا رکھی ہے

کوئی چہرہ میری آنکھوں میں بسے گا کیسے
تیری تصویر ہی سینے میں بسا رکھی ہے

عاشقی تم پہ ہی موقوف نہیں ہے یارو
جان ہم نے بھی ہتھیلی پہ سجا رکھی ہے

تیری آنکھوں میں جو ڈوبے گا نہ تہہ پائیگا
ان میں وہ جھیل کی گہرائی چھپا رکھی ہے

نو کی نظروں میں نہیں مانا صفر کی قیمت
شان دس درجہ اکائی کی بڑھا رکھی ہے

آنکھ بھر آئی انھیں دیکھ کے جانے کیا ہوا
آرزو ہم نے جو مدت سے چھپا رکھی ہے

کیا رقیبوں کی جفاؤں کا گلا ہوا عالؔم
دوستوں میں بھی کہاں خوئے وفا رکھی ہے

***

غزل 45

غزل سے جب روانی بولتی ہے
غزالوں کی جوانی بولتی ہے

کھلا ہے اب بھی اک غنچہ چمن میں
بہاروں کی نشانی بولتی ہے

مجھے ممکن نہ تھا کہ شعر کہنا
یہ تیری مہربانی بولتی ہے

اتر جاتی ہے جو قرطاس دل پر
ادب میں وہ کہانی بولتی ہے

کہاں کیسا رہا ہوگا زمانہ
حویلی ہر پرانی بولتی ہے

ابھی تک گاؤں کے باغوں میں کوئل
وہی بولی پرانی بولتی ہے

گناہوں سے زمیں جب کانپتی ہے
قیامت آسمانی بولتی ہے

زباں سے ہم نہ کہہ پائے جو عالم
ہماری بے زبانی بولتی ہے

***

غزل 46

مغفرت کی اگر آرزو کیجئے
راہ حق کی سدا جستجو کیجئے

دیکھئے شیشے دل کو شفافیت
اپنے اعمال کے رد برو کیجئے

دولت عشق تو دولت عشق ہے
کس لئے تذکرہ کو بہ کو کیجئے

حسن ہی عشق ہے عشق ہی حسن ہے
یا جدا پھول سے رنگ و بو کیجئے

شیخ جی مئے کشی کے بھی آداب ہیں
جام لینے سے پہلے وضو کیجئے

صرف ساقی کی نظر کرم ہے بہت
مئے کشو ترک جام و صبو کیجئے

آرزو دل کی دل میں ہی مخفی رہے
لب پہ لا کے نہ بے آبرو کیجیے

دل لگانا قیامت ہے عالم میاں
خو پہ ہنسئے کہ اب ہائے ہو کیجیے

***

غزل 47

جو بھی تخلیق ہے خالق سے خفا لگتی ہے
اس لئے دنیا کی ہر چیز فنا لگتی ہے

تیری ہر بات زمانہ سے جدا لگتی ہے
زندگی یہ تو بتا تو میری کیا لگتی ہے

تیری آمد سے نکھر جاتا ہے منظر منظر
ورنہ تا حد نظر اجڑی فضا لگتی ہے

صبح تک آج بھی جلنا ہے دئے کی صورت
آج باہر بھی غضبناک ہوا لگتی ہے

ایک ساعت نہیں منظور تمہاری فرقت
ایک ساعت ہمیں صدیوں کی سزا لگتی ہے

زندگی تو ہر اک گام پہ دھوکا دے گی
بس ہمیں موت ہی پابند وفا لگتی ہے

مرتبہ دل کا رہا پھر بھی حرم سے افضل
عقل نے بات وہ مانی جو خدا لگتی ہے

ترک ہوتی ہی نہیں صحرا نہ وادی عالم
آج کل لو بھی ہمیں باد صبا لگتی ہے

***

غزل 48

جب غم یار کو سینے میں بسایا میں نے
خود کو اک لمحہ بھی تنہا نہیں پایا میں نے

اے مصور تیرے ہاتھوں نے بنایا تھا جسے
اسی تصویر کو آنکھوں سے لگایا میں نے

تم بھی اپنے ہو تو اپنوں سے شکایت کیسی
دھوکا ہر بار عزیزوں سے ہی کھایا میں نے

قربتوں میں ہی تمناؤں کا خوں ہوتا ہے
عشق کرنے کا مزہ ہجر میں پایا میں نے

میری جانب وہی انگلی کو اٹھاتے ہیں میاں
تھام کر انگلی جنہیں چلنا سکھایا میں نے

پھر سے گونجے گی خلاؤں میں عن الحق کی صدا
تیرا پیغام ہی لوگوں کو سنایا میں نے

دل نے فریاد بھی کی ہے تو خدا سے عالم
قصہ درد کسی کو نہ سنایا میں نے

***

غزل 49

سر خمیدہ ہی رہا تیری رضا کے واسطے
ہاتھ میں نے کب اٹھائے ہیں دعا کے واسطے

عقل کہتی نہ مر اک بے وفا کے واسطے
دل دھڑکتا ہے اسی قاتل ادا کے واسطے

جو رہِ حق پہ ہمیشہ دوستوں چلتا رہا
پا گیا منزل وہی انسان سدا کے واسطے

بہر عصیاں کے بھنور سے کشتیٔ امت بچا
سرور کونین شاہ انبیاء کے واسطے

پاس وہ ہوتا گیا جو بھی رہا ثابت قدم
امتحاں در امتحاں اہل وفا کے واسطے

دنیا داری میں الجھ کر کھو نہ جائے تو کہیں
راہ حق پہ ہو فنا دائم بقا کے واسطے

قافلہ کیسے چلے گا رہنما غفلت میں ہے
معتبر اک رہنما ہو رہنما کے واسطے

***

غزل50

دنیا کے ساتھ خود کو بدلنے نہ دیجئے
عظمت بڑوں کی دل سے نکلنے نہ دیجئے

ماں باپ سے ہی پائی ہے تم نے یہ روشنی
شمش و قمر کو گھر سے نکلنے نہ دیجئے

بدلے زمانہ لاکھ بدلتا رہے مگر
ایمان اپنے دل سے نکلنے نہ دیجئے

رکھئے خیال تم کہ سب آپس میں بھائی ہو
بغض و حسد کو سینے میں پلنے نہ دیجئے

منزل کہیں ہے اور کہیں خود کو پاؤ گے
کشتی ہوا بھروسہ ہی چلنے نہ دیجئے

سورج ڈھلا تو مقصد راحت لئے ہوئے
عالم فضول عمر کو ڈھلنے نہ دیجئے

***

غزل 51

جو ہیں ساقی کے فرائض وہ نبھاتے بھی نہیں
اپنے ہاتھوں سے کوئی جام پلاتے بھی نہیں

ہے عجب حال تیری بزم میں پروانوں کا
جان دیتے مگر جان سے جاتے بھی نہیں

جن کو دیکھا تھا ان آنکھوں نے بڑی حسرت سے
اب وہ منظر میری آنکھوں میں سماتے بھی نہیں

مجھ کو دیکھا تو بھری بزم میں فرمانے لگے
وہ بھی آجاتے ہیں ہم جن کو بلاتے بھی نہیں

یہ بھی کیا ترک تعلق ہے بتائیں صاحب
دل کو گرماتے نہیں مجھ کو ستاتے بھی نہیں

دوست ایسے ہوں تو اللہ سلامت رکھے
وار کرتے ہیں مگر سامنے آتے بھی نہیں

***

غزل 52

ادیبوں میں کلا کاری بہت ہے
مگر کچھ میں دل آزادی بہت ہے

سہی پہچان رکھئے آدمی کی
کہ لوگوں میں ادا کاری بہت ہے

دعاؤں میں اثر آئیگا کیسے
عبادت میں ریا کاری بہت ہے

فریبی ہر طرف پھیلے ہوئے ہیں
شریفو میں بھی مکاری بہت ہے

میاں پردیس پھر جانا پڑیگا
میری بستی میں بیکاری بہت ہے

جہاں اردو سے رکھتے ہیں محبت
وہاں بچوں میں بیداری بہت ہے

شفا ہو آدمی کو کیسے عالم
ہوس کی اسکو بیماری بہت ہے

***

غزل 53

خود نا پسند راہ پہ چلنا پڑا مجھے
دنیا بدل گئی تو بدلنا پڑا مجھے

راہِ وفا میں ہر قدم رسوائیاں ملیں
سر اپنی ہی انا کا کچلنا پڑا مجھے

یہ دوستوں کی نظر عنایت کا ہے صلہ
گر گر کے بار بار سنبھلنا پڑا مجھے

لکھا تھا آب و دانہ جہاں کا وہیں پہ ہوں
پردیس اپنے گھر سے نکلنا پڑا مجھے

اہل جہاں نے کر دیا پتھر صفت مگر
کافر ادا کی ضد پہ پگھلنا پڑا مجھے

تقدیر تھی بلند تو چھوتا تھا آسماں
بگڑی تو پھر زمیں پہ پھسلنا پڑا مجھے

عالم لہو پلا کے جو پالی تھی آرزو
ناگن بنی تو پھن ہی کچلنا پڑا مجھے

***

غزل 54

میکدہ میں آج جشن عام ہونا چاہیے
ساقیہ ہر ہاتھ میں ایک جام ہونا چاہیے

شہرتیں تو دشمنوں کی صف بڑھاتی ہیں سدا
آدمی تھوڑا بہت گم نام ہونا چاہیے

اے شمع تجھ کو قسم ہے اپنی لو مدھم نہ کر
کھل کے پروانوں کا قتل عام ہونا چاہیے

بیچ ڈالا اپنا فن اپنی انا اپنا ضمیر
اہل زر کی لسٹ میں بس نام ہونا چاہیے

ہم نے تو دل سے تمہیں چاہا بھی ہے پوجا بھی ہے
مجرموں کی صف میں پہلا نام ہونا چاہیے

ہوں غزل ہندی میں بیشک دوہے اردو میں کہو
قوم کو عالم کوئی پیغام ہونا چاہیے

**z

غزل 55

بگڑی قسمت کو جگمگانا ہے
پھر انہیں اپنے گھر بلانا ہے

بارشیں کب کسی کو روکے ہیں
یہ نہ آنے کا اک بہانا ہے

ہم فقیروں سے مت الجھئے گا
ہم خفا ہوں تو کیا ٹھکانا ہے

اپنے اجداد کی دعا لے لو
جن کے قدموں تلے زمانہ ہے

آج بھی اہل فن کی قیمت ہے
عہد پیری میں ہم نے جانا ہے

شوق مجھ کو ہے شعر گوئی کا
بعد مدت کے اس نے مانا ہے

کیسے عالم قرار پاؤ گے
بے قراری کا یہ زمانہ ہے

***

غزل56

رہِ حیات میں تنہا ہوں اب کدھر جاؤں
ہوں کشمکش میں ادھر جاؤں کہ اُدھر جاؤں

تلاش کرتے رہیں گے مجھے چمن والے
بدن کی قید سے چھوٹوں تو اپنے گھر جاؤں

وہ آدمی ہوں کہ رو کے رکا نہ جنت میں
میں اک مقام پہ کیسے بھلا ٹھہر جاؤں

بھرم تو رکھ لے میری زندگی کا اے مولی
کہ بحر عصیاں کسی طرح پار کر جاؤں

ادا ہو شکر بھلا کیسے تیری رحمت کا
ہمیشہ ساتھ ہی رہتا ہے میں جدھر جاؤں

عقیدتوں میں دکھاوے شرط نہ منظور
سوالی بن کے بھی آؤں جھکائے سر جاؤں

وفور شوق کسی حد میں رہ نہیں سکتا
ہر اک حد سے تیرے عشق میں گزر جاؤں

تمام عمر ہی خلق خدا کی خدمت ہو
ہو تیرا ساتھ تو عالم میں نام کر جاؤں

***

غزل 57

پتّوں کو ٹہنیوں سے گراتی رہی ہوا
بدلی جو رتو تو پھول کھلاتی رہی ہوا

منزل کے راستہ سے ہٹاتی رہی ہوا
رہبر کے نقش پا بھی مٹاتی رہی ہوا

ٹپکی نہ ایک بوند تیرے حکم کے بغیر
پانی کو بادلوں میں اڑاتی رہی ہوا

پھولوں سے تتلیوں کو نہ ہر گز اڑا سکی
دست ہوس کو لاکھ بڑھاتی رہی ہوا

عالم مجھے لگا کہ قیامت کی رات ہو
جلتے ہوئے چراغ بجھاتی رہی ہوا

***

غزل 58

ان سے بچھڑ کے چین سے سویا نہیں ہوں میں
لیکن یہ بات دوستوں کہتا نہیں ہوں میں

الجھے ہوئے تھے جو بھی مسائل سلجھ گئے
تیرے کرم سے دیر میں رسوا نہیں ہوں میں

کوہ الم بھی ٹوٹ کے گرتے رہے مگر
تیرے کرم سے اے خدا بکھرا نہیں ہوں میں

پیہم تیری جفاؤں نے ڈھالا ہے اس طرح
پتھر صفت ہوں موم کا پتلا نہیں ہوں میں

لہریں ہی مجھ کو لائی ہیں ساحل پہ کھینچ کر
حیرت ہے دوستوں کو کہ ڈوبا نہیں ہوں میں

تیری طرف جو راستہ جائے نہ جان جاں
اس راستہ سے آج تک گزرا نہیں ہوں میں

ہمت نہ توڑ جائے میرا ہم سفر کہیں
یہ سوچ کر ہی راہ میں رکتا نہیں ہوں میں

عالم مجھے یقین ہے وہ میرے ساتھ ہے
تنہا دکھائی دیتا ہوں تنہا نہیں ہوں میں

***

غزل59

رو برو جب بھی ان کو پاؤں میں
ہوش ہوتے بھی لڑ کھڑاؤں میں

تم سراپا غزل کی صورت ہو
ہو اجازت تو گنگناؤں میں

تیری فرقت اگر مقدر ہے
ایسے جینے سے مر نہ جاؤں میں

بندگی وہ بھی ایک پتھر کی
جس کو چاہوں خدا بناؤں میں

اب مسیحائی پہ ہے وہ آمادہ
کس طرح زخم دل دکھاؤں میں

دیکھئے سادگی سے دل لے کر
اب وہ کہتے ہیں بھول جاؤں میں

اجنبیت ہے کو بہ کو عالم
کس کو رودادِ غم سناؤں میں

***

غزل 60

اسی لئے میں بڑا نہیں ہوں
کہ ادنیٰ کردار کا نہیں ہوں

چمن چمن ہے عزیز مجھ کو
میں سر حدوں میں بٹا نہیں ہوں

بسا ہے وہ میری دھڑکنوں میں
میں ہر گز اس سے جدا نہیں ہوں

گناہ کرنا ہے میری فطرت
ہوں ابن آدم خدا نہیں ہوں

میں قطرہ بھی ہوں سمندر
کہ سمت دریا بہا نہیں ہوں

ابھی فلک تک نہیں رسائی
شکستہ دل کی صدا نہیں ہوں

تیرے کرم سے دیا ہوں ایسا
جو آندھیوں میں بجھا نہیں ہوں

ہے قلندرانہ مزاج میرا
کسی کے گھر کا گدا نہیں ہوں

سماج دیتا ہے جتنی عزت
ابھی میں اتنا بڑا نہیں ہوں

سعید کہہ دوں کسی کو کافر
میں اس قدر پارسا نہیں ہوں

***

غزل 61

جب بھی چلتی ہیں پروائیاں
درد دل لے ہے انگڑائیاں

روشنی میں سفر ہو اگر
ساتھ چلتی ہیں پرچھائیاں

عشق میں جب صداقت نہ ہو
ہاتھ آتی ہیں رسوائیاں

انکا طرزِ تکلم حضور
جیسے بجتی ہوں شہنائیاں

صرف لکھنے کا ہی فرق ہے
ہندی اردو میں ماجائیاں

ابن آدم ہوا ہے میاں
آج شیطان سے کائیاں

بھول بیٹھا ہوں دونوں جہاں
دیکھ کر تیری رعنائیاں

جب تلک ہیں تصور میں وہ
دُور عالم ہیں تنہائیاں

***

غزل62

تیرے بغیر میں اک پل بھی رہ نہیں سکتا
مگر یہ بات کسی سے بھی کہہ نہیں سکتا

نہ جانے کون سی افتاد دی ستاروں نے
بنا سبب تو کبھی چاند کہہ نہیں سکتا

سہارا لینا بھی پڑتا ہے مجھ کو ساحل سے
میں ایک دریا ہوں بے ڈھب تو بہہ نہیں سکتا

میں اپنی ذات میں مثل سفر سہی لیکن
اکیلا وہ بھی دھائی میں رہ نہیں سکتا

وہ باز آتا نہیں چھپ کے وار کرنے سے
ہماری ٹیڑھی نظر جو بھی سہہ نہیں سکتا

ہمارا دل کسی کعبہ سے کم نہیں عالم
ہزار ابراہ مل جائیں ڈھ نہیں سکتا

***

غزل 63

ہم تو پل بھر نہ رہے دوستوں یاروں کے بغیر
وہ بھی کیا گل ہیں کھلا کرتے ہیں خاروں کے بغیر

دل کے زخموں کی چمک دیکھ کر حیراں ہوگا
کاش وہ چاند نظر آئے ستاروں کے بغیر

بہتے پانی کا نہیں کوئی ٹھکانا یارو
کب ٹھہرتا ہے کوئی دریا کناروں کے بغیر

وہ بھی کیا دن تھے کہ اوروں کا سہارا ہم تھے
آج خود جامد و ساکت ہیں سہاروں کے بغیر

یہ بھی کیا کم ہے تصور میں بسے رہتے ہیں
آنکھ بے نور ہوئی ان کے نظاروں کے بغیر

ہاں وہی لوگ ہوئے باغِ ارم کے والی
غنچہ و گل جو کھلاتے تھے بہاروں کے بغیر

دائرہ اور وسیع ہوگا بھنور کا صاحب
سر اٹھاتی نہیں لہریں کبھی دھاروں کے بغیر

مطمئن وہ بھی ہوا ترک تعلق کر کے
میں بھی محفوظ ہوں اب جان نثاروں کے بغیر

کیا گزرتی ہے میرے دل پہ نہ پوچھو عالم
میں ہوں آکاش مگر چاند ستاروں کے بغیر

***

غزل64

ظالموں خاک نہ کردے تمہیں ہائے کوئی
اب نہ مظلوم کو دنیا میں ستائے کوئی

یوں تو ہر غم کو تبسم میں سمائے رکھا
چشم پر نم کو بھلا کیسے چھپائے کوئی

عاشقی صبر کی محتاج ہے ان سے کہہ دو
ورنہ پروانے کو شمع نہ جلائے کوئی

ڈھل گئی عمر تو حالات نے ایسا بدلا
آئینہ دیکھوں تو دوجا نظر آئے کوئی

مئے کدہ آج ہے رندوں کی نگہبانی میں
غیر ممکن ہے کہ پھر ہوش میں آئے کوئی

میں اگر راہ غلط پہ ہوں تو روکا جائے
یونہی تنقید کے پتھر نہ اٹھائے کوئی

خود پرستی کی وبا پھیلی ہے ہر سو عالم
حق پرستی کا فریضہ بھی نبھائے کوئی

***

غزل 65

گھنگھور گھٹا چھائی پھر یاد کوئی آئی
دل جس کو پکارے ہے وہ ہو گیا ہر جائی

اے جان وفا تو نے کچھ ایسی ادا پائی
ہر شخص ہے شیدائی تیرا ہی تمنائی

مستانی ہواؤں نے گیسو تیرے لہرائے
مئے خانے سے مسجد تک گھنگھور گھٹا چھائی

کیا کہئے محبت میں کیا کھویا ہے کیا پایا
رسوائی ہی رسوائی تنہائی ہی تنہائی

کیا جلوہ جاناناں ابھرے گا لکیروں سے
کیا چشم مصور میں اترے تیری انگڑائی

ہر زخم سے رہ رہ کر اک ٹھیس سی اٹھتی ہے
ظالم تیری یادوں کی چلتی ہے جو پروائی

ہم پہ اے سعید عالم وہ دور بھی گزرا ہے
بیگانے ہوئے وہ بھی تھی جن سے شناسائی

***

غزل 66

سب چاہتے ہیں اس کو یہ قسمت کی بات ہے
وہ مجھ کو چاہتا ہے یہ عزت کی بات ہے

پروانے جل کے دے گئے اے دوستو سبق
مٹ جانا عاشقی میں یہ ہمیت کی بات ہے

راہ وفا کو چھوڑ کے تاریکیوں میں گم
ہم کیا تھے اور کیا ہوئے غیرت کی بات ہے

منزل سے دور ہوتا گیا تیرا قافلہ
اے رہنما یہ صرف قیادت کی بات ہے

کیوں رہ رہے ہو غار جہالت میں آج بھی
تعلیم سے ہے فاصلہ حیرت کی بات ہے

اپنے بڑوں کی تنبیہ و تاکید کا گلہ
اے دوستوں شدید حماقت کی بات ہے

راہ عمل پہ چلنے کا تو فیصلہ تو کر
پھر بعد میں پستی و عزت کی بات ہے

اہل ادب کو میرا عقیدت بھرا سلام
لاغر خموش، سوز نہ راحت کی بات ہے

بن باتی اور تیل کے جلتا نہیں دیا
دونوں کی بے مثال محبت کی بات ہے

دیکھا نہ جن کو آنکھ نے ان کا ہوں میں غلام
یہ اپنی عاقشانہ طبیعت کی بات ہے

جو ہم سفر تھے رک گئے عالم تو کیا ہوا
یادیں تو ان کی ساتھ ہیں راحت کی بات ہے

***

غزل 67

زخم تیغ عشق جس نے اے ظفر کھایا نہیں
زندگی بھر اس نے خود اپنا پتہ پایا نہیں

ہوش مئے خواروں کو اب تک اس لئے آیا نہیں
ساقیہ تیری اداؤں کا نشہ چھایا نہیں

اہل محفل پہ ابھی جس کا نشہ چھایا نہیں
اے مغنی تو نے وہ نغمہ ابھی گایا نہیں

صبر کی تلقین کرنا دوستو آسان ہے
وہ یوں بچھڑا ہے کہ اب تک لوٹ کے آیا نہیں

اس کا مستقبل ہمیشہ ہی رہےگا تابناک
وقت کی تاریکیوں سے جو بھی گھبرایا نہیں

رحمت اللعالمین کے وصف ہوں کیا کیا بیاں
عمر بھر امت کے غم میں پیٹ بھر کھایا نہیں

کون سا پتھر ہے جو پگھلا نہیں اس کے حضور
کسی نے اس کا فرادا سے عشق فرمایا نہیں

دیکھ عالم تو نے ہی کرنا ہے طے اپنا سفر
کیا ہوا جو دور تک بھی پیڑ کا سایا نہیں

***

غزل 68

ہمارے جانب سے اک پل بھی کبھی بھی جو بے خبر نہیں ہے
حساب لے گا جو روز محشر ادھر ہماری نظر نہیں ہے

گنہگاروں کو روز محشر تری کریمی پہ ناز ہوگا
مجھے بھی تیرا ہی آسرا ہے دعا میں گر چہ اثر نہیں ہے

ہر ایک پروانہ جانتا ہے فنا میں پنہا بقا ملے گی
رہ وفا پہ چلو تو یارو یہ کوئی مشکل ڈگر نہیں ہے

ارے مسیحا بغیر تیرے طبیب دنیا کے کیا کریں گے
مریض حب پہ کسی طرح کی دوا کا کوئی اثر نہیں ہے

سرائے فانی سے جانے والو خدا کی رحمت ہو تم پہ نازل
سبھی کو جام قضا ہے پینا یہاں پہ کوئی امر نہیں ہے

دکھوں سے عالم مقابلہ کر اداس مت ہو اداس مت ہو
وہ رات اب تک بنی نہیں ہے کہ جس کی کوئی سحر نہیں ہے

***

غزل 69

یاد جس دن مجھے نانی کی کہانی آئی
میرے خوابوں میں وہی پریوں کی رانی آئی

مدتوں باد کسی بت کو پگھلتے دیکھا
مدتوں بعد امیدوں پہ جوانی آئی

مدتوں باد تیری یاد کے بادل برسے
بعد مدت میرے اشکوں پہ روانی آئی

بعد مدت کے میرے دل نے دھڑکنا سیکھا
مدتوں بعد کوئی شام سہانی آئی

رات بھر ان کو تصور میں بسائے رکھا
مدتوں بعد ہمیں رات بتانی آئی

بعد مدت ترا دیدار ہوا مجھ کو نصیب
بعد مدت میری آنکھوں میں جوانی آئی

دیکھ کر ان کو میرے کھیت کی سرسوں پھولی
وہ کہ جس وقت چُنر اوڑھ کے دھانی آئی

مدتوں تک لب اظہار پہ تالے رکھے
مدتوں بعد ہمیں بات بنانی آئی

منتظر جس کے ہمیشہ سے رہے ہیں حاسد
وہ گھڑی ہجر کی اے یوسف ثانی آئی

مدتوں بعد بھنور نے دیا رستہ عالم
کشتی عشق جہاں تھوڑا تھا پانی آئی

***

غزل70

بیتے دنوں کا ذکر مسلسل نہ کیجئے
اس خوشگوار شام کو بوجھل نہ کیجئے

للہ اپنے جلووں سے پاگل نہ کیجئے
تیر نگاہ ناز سے گھائل نہ کیجئے

کالی گھٹا کی ضد میں نہ آجائے ماہتاب
چہرے پہ اپنے زلف کا بادل نہ کیجئے

ہر بار کل کے وعدہ پہ ٹالا ہے آپ نے
اب تو سوال وصل پہ کل کل نہ کیجئے

خواتین ہیں سماج کی ماں بہن بیٹیاں
داغی کسی طرح سے پہ آنچل نہ کیجئے

ہم جیسے سر فروش ابھی اور آئیں گے
باب وفا کو آپ مقفل نہ کیجئے

نانک، کبیر، چشتی نے سینچا ہے یہ چمن
اب اس چمن کو ظالموں مقتل نہ کیجئے

جو جسم و جاں پہ گزرے ہیں لکھئے وہ حادثات
رو داد عشق یوں ہی مکمل نہ کیجئے

پتھرا نہ جائیں آپ کی آنکھیں کہیں سعید
یوں انتظار یار مکمل نہ کیجئے

***

غزل 71

آؤ پیغام وفا سب کو سنایا جائے
اب نہ دھرتی پہ کہیں کوئی ستایا جائے

نفرتیں دور کریں اہل چمن مل جُل کر
تخم الفت کو ہر اک دل میں اگایا جائے

بن کے ناسور ابھرتا ہے دلوں میں اکثر
راز اپنوں سے اگر کوئی چھپایا جائے

رخ روشن سے میں نظروں کو ہٹاؤں کیونکر
اب تو آئینہ کو آئینہ دکھایا جائے

منتظر ہوں میں بصد شوق تیرے جلووں کا
کاش مجھ کو بھی سر طور بلایا جائے

تنگیٔ رزق سے بد حال نہ ہو جائیں کہیں
کسی مہمان کو گھر اپنے بلایا جائے

تشنگی بڑھتی چلی جائے گی میرے ساقی
جام توحید اگر ہے تو پلایا جائے

اب تو عالم کو برائی سے بچالے یا رب
تیرے احکام کو ہر گز نہ بھلایا جائے

***

غزل 72

دوستو جس جا میسر آب و دانہ ہو گیا
ہم پرندوں کا وہاں کچھ دن ٹھکانہ ہو گیا

اتفاقاً کوچۂ جاناں میں جانا ہو گیا
صرف اتنی بات پہ اچھا فسانہ ہو گیا

چاند کو پانے کی دھن میں کب سمیٹے بال و پر
آشیاں چھوڑے ہوئے بیشک زمانہ ہو گیا

مل گئی عزت جہاں میں کھل گیا اس کا نصیب
آپ کی چوکھٹ پہ جس کا آنا جانا ہو گیا

دوستو تم سے ہی سیکھا شعر گوئی کا ہنر
غم بھلانے کے لئے اچھا بہانہ ہو گیا

حاکموں سے پوچھ عالم لوگ کیوں دہشت میں ہیں
شہر کے ہر سیکٹر میں جب کہ تھانہ ہو گیا

***

غزل 73

لہو آنکھوں سے پھر بہنے لگا ہے
وفا کی داستاں کہنے لگا ہے

نظر کا آئینہ کہنے لگا ہے
تیرے دل میں کوئی رہنے لگا ہے

ستم گر کی حمایت ہے یقیناً
جو تیرا دل ستم سہنے لگا ہے

نظر کے راستہ دل میں اتر کر
نہ جانے کون یہ رہنے لگا ہے

جنوں سے ہٹ گئی جب گرد صحرا
لباس فاخرہ پہننے لگا ہے

رخ روشن پہ مت بکھراؤ زلفیں
کہ مہتاب فلک کہنے لگا ہے

بھنور سے کشتی ملت بچالے
خدا سے ناخدا کہنے لگا ہے

تیری یادوں سے جو آباد رکھا
وہ قصردل بھی اب ڈھنے لگا ہے

سمو کے شاعری میں درد اپنا
سعید عالم غزل کہنے لگا ہے

***

غزل 74

تیری دنیا میں جو بھی رم گیا ہے
اٹھائے سر پہ کوہِ غم گیا ہے

تیرے جاتے ہی سب کچھ تھم گیا ہے
اندھیرا پتلیوں پہ جم گیا ہے

ابھی سے داستان غم نہ چھیڑو
ابھی تو ہجر کا موسم گیا ہے

جو ہر اک بات پہ کہتے تھے ہم ہیں
ہوئے تنہا غرور ہم گیا ہے

برستے ہیں جہاں سنگ ملامت
اسی کوچے سے دل پیہم گیا ہے

جو رستہ تیرے کوچے تک نہ جائے
سعید عالم ادھر سے کم گیا ہے

***

غزل 75

سونے چاندی سے لبالب جب خزانے ہو گئے
پست کرداروں کے تب اونچے گھرانے ہو گئے

جن رتوں نے مفلسوں کو اور مفلس کر دیا
ہاں وہی موسم امیروں کو سہانے ہو گئے

اس نے پوچھا حال دل ہم نے بھی برجستہ کہا
کچھ ابھی ہیں زخم تازہ کچھ پرانے ہو گئے

اپنی جانب سے تو ہم نے ہر طرح رکھا خیال
ان کو جانا تھا تو سو حیلے بہانے ہو گئے

پارساؤ تم نے تو سنگ سار کرنا تھا مجھے
کیا ہوا کیسے خطا سب کے نشانے ہو گئے

ہم نے اپنا درد جب اشعار میں ڈھالا میاں
حاسدوں کے واسطے کیا کیا فسانے ہو گئے

ان کا انداز تکلم ان کے لہجے کی مٹھاس
دوستو اک آن میں ہم تو دیوانے ہو گئے

اس نے عالم پیڑ کاٹا تھا ضرورت کے تحت
یہ نہ سوچا کتنے پنچھی بے ٹھکانے ہو گئے

***

غزل76

جب سے چمن کے فتنہ شعاروں سے دور ہوں
چرخہ کہن کے پنہاں شراروں سے دور ہوں

جب سے ترے جہاں میں اتارا گیا ہوں میں
باغ ارم کی مست بہاروں سے دور ہوں

سیلاب وقت مجھ کو بہاتا ہے اس طرح
دریا ہوں اور اپنے کناروں سے دور ہوں

ہو جائیں جن پہ دوستوں تابِ نظر نثار
طیبہ کے ان حسین نظاروں سے دور ہوں

مجھ کو یقین ہے تو ہے رگ جان سے بھی قریب
معبت کدوں کی لمبی قطاروں سے دور ہوں

ساقی تری نگاہ کرم کے طفیل سے
جام و صبو کے جھوٹے سہاروں سے دور ہوں

عالم پہ تیری رحمتیں برسیں ہیں رات دن
اک میں ترے کرم کی فوہاروں سے دور ہوں

***

غزل 77

عالم فراق یاد میں یوں چشم تر نہ ہو
ایسی تو کوئی شب نہیں جس کی صحر نہ ہو

اندازہ کیا لگاؤ گے اس راہ رو کا تم
جس کی مسافتوں میں کوئی ہم سفر نہ ہو

کیا زلزلہ کا خوف ہو کیا بے گھری کا ڈر
جس کے مکاں میں دوستو دیوار و در نہ ہو

کسی کو سنائی دیں گے پرندوں کے چہچہے
جب شہر سنگ و لاخ میں کوئی شجر نہ ہو

جو معتبر تھے ان کی جفاؤں کا ذکر کیا
اس راہبر کو ڈھونڈئے جو معتبر نہ ہو

تو نے مجھے دیا ہے ضرورت سے بھی سوا
بیشک میری دعاؤں میں کوئی اثر نہ ہو

عالَم ہمیں بھی ضد ہے کہو چارہ گر سے تم
وہ داغ کیا دکھائیں جو رشکِ قمر نہ ہو

***

غزل 78

غائبانہ سا تعارف ہے شناشائی ہے
دل وہ بیتاب کو ملنے کا تمنائی ہے

اس کا انداز بیاں دل سے بھلاؤں کیسے
ایسا لگتا تھا کہ گونجی کوئی شہنائی ہے

ہم نے سمجھا تھا کہ شکوہ ہے محبت کی دلیل
ہجر میں اب تو میری جاں پہ بن آئی ہے

کون پوچھے گا جو گزری ہے ہمارے دل پر
کس سے کہیئے کہ ہر اک شخص تماشائی ہے

کوئی آئینہ بگاڑے جو کسی کی صورت
صاف ظاہر ہے کہ آئینہ میں ٹیڑھائی ہے

سب سے افضل جو سمجھتے ہیں جہاں میں خود کو
ان کے حصہ میں تو رسوائی ہی رسوائی ہے

ایسی محفل لب اظہار پہ بندش ہو جہاں
ایسی محفل سے تو بہتر میری تنہائی

محو حیرت ہوں کہ بدلا ہے رتوں کا عالم
خاک گلشن ہوا صحرا میں بہار آئی ہے

***

غزل79

ہراندھیرے سے دور ہوتا ہے
جس کے سینے میں نور ہوتا ہے

صرف اہل نظر کی خاطر ہی
جلوۂ کوہ طور ہوتا ہے

کس چمن میں کھلے ہیں گل تازہ
تتلیوں کو شعور ہوتا ہے

تیری جھوٹی شراب سے ساقی
مے کشوں کو سرور ہوتا ہے

وقت فرقت ہے اشکبار نہ ہو
میرا دل چور چور ہوتا ہے

ہجرتیں تھیں نصیب میں ورنہ
کون اپنوں سے دور ہوتا ہے

اس کو عزت کبھی نہیں ملتی
جس کو عالم غرور ہوتا ہے

***

غزل80

خدا کرے رہِ الفت پہ لے کے آؤں اسے
بھٹک گیا ہے سہی راستہ دکھاؤں اسے

کبھی ملے تو حدیث وفا سناؤں اسے
وہ آہنی ہے تو پھر موم سا بناؤں اسے

شکوک دونوں طرف ہوں تو دوستی کے لئے
وہ امتحاں لے میرا میں بھی آزماؤں اسے

تمام عمر اسی جستجو میں گزری ہے
بہانا ہاتھ لگے تو گلے لگاؤں اسے

ملے جو وقت کبھی روز و شب کی الجھن سے
رہوں میں رو برو پھر آئینہ دکھاؤں اسے

میں خوش ہوں دوستو پھر امتحان سے گزروں گا
وہ چاہتا ہے کہ دل چیر کے دکھاؤں اسے

مزہ ہو خاک میاں روٹھنے منانے میں
جو مانتا ہی نہیں ہو تو کیا مناؤں اسے

ذرا سا ساتھ جو مل جائے تیری دنیا کا
کوئی بھی صحرا ہو جاناں چمن بناؤں اسے

مجھے جو چھوڑ کر دنیا سے جا چکا عالم
کہاں تلاش کروں اور کہاں سے لاؤں اسے

***

غزل 81

راہبر ہم سفر نہیں ہوتا
ہر کوئی معتبر نہیں ہوتا

ہر صدف میں گوہر نہیں ہوتا
ہر ستارہ قمر نہیں ہوتا

لاکھ قربانیاں دئے جاؤں
حاسدوں پہ اثر نہیں ہوتا

اس کو کم تر سمجھتی ہے دنیا
جو یہاں اہل زر نہیں ہوتا

گھر تو ہوتا ہے اہل خانہ سے
سونے کمروں سے گھر نہیں ہوتا

جس کو جینا سکھا دیا تو نے
اس کو مرنے کا ڈر نہیں ہوتا

مرتبہ عاشقوں کا مت پوچھو
ان کے شانوں پہ سر نہیں ہوتا

حسن ہے دور عشق سے جب تک
باعث خیر و شر نہیں ہوتا

بس سمجھنے کی بات ہے عالم
کوئی بھی بے ہنر نہیں ہوتا

***

غزل82

غم کی اندھیری رات ہے یوں منتشر نہ ہو
اک ہم نشیں کے واسطے اے دل مصر نہ ہو

پھر بحر دل میں اٹھنے لگیں ہیں سنامیاں
شاید بچے گھروندوں کی تعمیر پھر نہ ہو

ایسے دیار عشق میں در آئے ہیں شکوک
یوں لگ رہا ہے ان سے ملاقات پھر نہ ہو

منزل کو ڈھونڈتا رہا اس خوف کو لئے
لمبا سفر ہے زیست کہیں مختصر نہ ہو

یہ سوچ کر ہی رات دن کرتا رہا تلاش
اس موڑ پہ وہ میرا کہیں منتظر نہ ہو

اس دور پُر فریب کے رستے میں پُر خطر
رکھئے گا احتیاط کہ چلنا مضر نہ ہو

عالم رہِ حیات ہے اک دھوپ کا سفر
پیڑوں کی ٹھنڈی چھاؤں پہ تو منحصر نہ ہو

***

غزل83

وہ سمجھتے ہیں فقط ہم ہیں نوابانا مزاج
ایک سے بڑھ کر ہے ایک دنیا میں شاہانا مزاج

آپ نے محفل میں جانے کیسا جادو کر دیا
جو بھی دیکھے وہ ہوا جائے ہے دیوانہ مزاج

ایک ساعت قوم کو تا عمر جو نہ دے سکے
ان کا دعوہ ہے کہ ہم بھی ہیں نگہبانہ مزاج

عاشقوں کی راہ میں کتنے آگے کے دریا سہی
حسن پر قربان ہونگے جو ہی پروانہ مزاج

ہم نے جن کی جستجو میں خاک چھانی عمر بھر
وہ ملے ہیں جیسے کوئی شخص بیگانہ مزاج

دشمنوں کی بات کیا ہے دوستوں کی بھیڑ میں
جو بھی ملتا ہے عجب سا ہے فریبانہ مزاج

ساقیا تیری نظر نے ایسا برسایا خمار
دیکھ کر عالم ہوا ہے آج رندانہ مزاج

***

غزل84

یہ جہاں ہے کیا ذرا سوچئے یہاں چار دن کا قیام ہے
جو چلا گیا وہ چلا گیا یہ تو عبرتوں کا مقام ہے

مجھے خوں کے آنسو جو دے گیا یہ میری وفا کا انعام ہے
کئے حاسدوں نے وہ فاصلے نہ پیام ہے نہ سلام ہے

یہی تذکرہ صبح شام ہے کوئی نور کیا لب بام ہے
تجھے دیکھ ہو گئے دم بخود کہا سب نے ماہ تمام ہے

مۂ عشق مجھ کو پلائے جا میری بے خودی کو بڑھائے جا
کہ خودی ہے باعث رنج و غم کہ تومۂ کشوں کا امام ہے

رہ عاشقی پہ جو تو چلا تجھے مرتبہ بھی بڑا ملا
ابھی اور دینے ہیں امتحان پہ بڑے ہی صبر کا کام ہے

جو ہوس کی راہ پہ آگیا وہی بستیوں میں سما گیا
وہ بلندیوں پہ پہنچ گیا یہاں نفس جس کا غلام ہے

نہیں شیخ کوئی برابری نہ کلیم طور سے ہمسری
وہاں لن ترانی کی تھی صدا تو یہاں سلام پیام ہے

وہ خیال بن کے اتر گئے تو تمام حرف نکھر گئے
اے سعید ان کے ہی فیض سے ترا شاعری میں مقام ہے

***

غزل 85

تیرے جلوؤں کے مقابل کوئی اب کیا رکھے
میرے محبوب سلامت تجھے اللہ رکھے

وقت پہ رکھیو نظر پھر سے نہ فتنہ رکھے
جس پہ نادم ہو صدی ایسا نہ لمحہ رکھے

ان کا انداز مسیحائی نہ دیکھا تم نے
روح کو قتل کرے جسم کو زندہ رکھے

کوئی تو لہر میرا جسم بھگو دے آکر
کوئی تو پیڑ میرے واسطے سایہ رکھے

زندگی تو نے بھی کیا ہم سے لیا ہے بدلا
شہر میں لا کے ہمہ وقت جو تنہا رکھے

اس کو لوگوں نے دیا فاتح عالم کا خطاب
ہر نشانے کے لئے جو میرا کاندھا رکھے

پھر فلک بوس مکاں کوئی بنالے عالم
شرط اول ہے کہ بنیاد کو پختہ رکھے

***

غزل86

مدت کے بعد منزل مقصود تک گئے
وہ ہم سفر تھے راستے خود ہی چمک گئے

میکش تیری نگاہ سے پیکر بہک گئے
فرط خوشی سے ساغر و مینا چھلک گئے

ہم تو سمجھ رہے تھے دل خاک ہو گیا
دیکھا انہوں نے ایسے کہ شعلے بڑھک گئے

نازک لبوں پہ ان کا تبسم تھا بے مثال
وہ لب کشا ہوئے تو پرندے چہک گئے

تھی کیفیت کمال شب انتظار کی
گنتے رہے جنہیں وہی تارے دمک گئے

ان کی خوشی کے واسطے کیا کچھ نہیں کیا
جانا نہ تھا جہاں کبھی اس حد تلک گئے

اس سمت تو ہے اس طرف دنیا ادھر ہے دیں
اس موڑ پہ تو اہل خرد بھی بھٹک گئے

بے رنگ و بو تھے کوئی ہمیں دیکھتا نہ تھا
گلشن میں آپ آئے تو ہم بھی مہک گئے

عالم وفا کی راہ میں جانا ہے دور تک
کیسے تمہارے پاؤں ابھی سے ہی تھک گئے

***

غزل 87

آجا کہاں ہے تو میرے دل کے قریب آ
مل بیٹھ کر بنائیں گے اپنے نصیب آ

الفت میں آزمانے کی ہر رسم توڑ دیں
حسرت سے دیکھتے رہیں اپنے رقیب آ

اس مرض لا علاج کی کوئی نہیں دوا
تو ہی مریض غم کا ہے کامل طبیب آ

آ جرم حق پرستی معطوب کر مجھے
دے زہر پھر سے یا کوئی لے کر صلیب آ

اس دور بے حیائی میں عزت انہ احترام
تہذیب ڈوبنے کو ہے اب عنقریب آ

تیرے بغیر گلشن عالم اجڑ گیا
لگنے لگی ہے زندگی اب تو عجیب آ

یوں تو خدا نے نعمتیں بخشیں ہیں بے شمار
تیرے بنا تڑپتا ہے عالم غریب آ

حوریں فدا ہیں اور ملائکہ بھی ہیں نثار
عرش بریں پہ منتظر نبیوں کے تاجدار

اک نور اپنے نور سے ملنے کو بے قرار
آواز آئی بے جھجک میرے حبیب آ

***

غزل 88

خود کو بے آبرو نہیں کرتے
چاند کی آرزو نہیں کرتے

جو ملا ہے ہمیں وہ کافی ہے
اور کی جستجو نہیں کرتے

تم بھی کس کس سے بات کرتے ہو
ہم سے ہی گفتگو نہیں کرتے

گمراہی سے نکال اے مولا
جو تیری جستجو نہیں کرتے

جو پر ستارے غنچۂ گل ہیں
وہ بیاں رنگ و بو نہیں کرتے

راز الفت تو روز الفت ہے
تذکرۂ کو بہ کو نہیں کرتے

ساقیہ شیخ جی کو سمجھانا
مۂ کشی بے وضو نہیں کرتے

دوستوں کی ہیں سازشیں ایسی
جو ہمارے عدو نہیں کرتے

کام آئے گا صبر کا مرہم
زخم دل ہم رفو نہیں کرتے

جسم جاں ہے لہو لہو مانا
پھر بھی ہم ہائے ہو نہیں کرتے

آئینہ عکس ہے ہر اک شہ کا
چاند کے روبرو نہیں کرتے

ان کی نظروں سے جو گرے عالم
زیست کی آرزو نہیں کرتے

***

غزل 89

خوش قسمتی کہ آپ کا دیدار ہو گیا
سویا نصیب پھر میرا بیدار ہو گیا

آیا تصورات میں وہ پیکر جمال
گھر میرے ماہتاب نمودار ہو گیا

اس یوسف جمال کو دیکھا جو غور سے
ہر ایک خاص و عام خریدار ہو گیا

ہوگا فقیر کوئی، تونگر، کوئی ملنگ
جس پر پڑی نظر تری ذر دار ہو گیا

احسان دوسروں کا اٹھائے گا کیوں بھلا
دنیا میں رہ کے جو بشر خوددار ہو گیا

جو مفلسی میں صابر و ثابت قدم رہے

جنت کی نعمتوں کا وہ حقدار ہو گیا

غافل ہوا ہے مالک کون و مکان سے تو
کیوں اس قدر سے دل تیرامردار ہو گیا

ہم نے شجر وہ دیکھا ہے عالم جھکا ہوا
جو موسم بہار میں پھل دار ہو گیا

***

غزل 90

تیرے لب پہ داستاں کچھ اور ہے
صاف ہی کہہ دے کہ ! ہاں کچھ اور ہے

میکدہ ہے رنگ برنگی کائنات
اور زاہد کا جہاں کچھ اور ہے

تیری دنیا کی حقیقت سے الگ
ایک تصور کا جہاں کچھ اور ہے

پھر نشیمن بجلیوں کی زد میں ہے
آج رنگ آسماں کچھ اور ہے

میری تنہائی ہے میرا ہم سفر
میرے پیچھے کارواں کچھ اور ہے

ان کی محفل میں سخن ور بیشمار
اپنا انداز بیاں کچھ اور ہے

زندگی میں امتحاں گزرے کئی
عشق کا یہ امتحاں کچھ اور ہے

ہم تو ہیں پیر محبت کے مرید
اور تصوف کا جہاں کچھ اور ہے

جو علم بردار اردو ہیں جناب
ان کے بچوں کی زباں کچھ اور ہے

پیرہن کی زیب و زینت کچھ نہیں
جس کی شیریں ہو زباں کچھ اور ہے

کیسے تیری ذات پہ آئے یقیں
ظاہرہ کچھ اور نہاں کچھ اور ہے

تیرے عالم کو سمندر چاہیئے
قلب میں آتش فشاں کچھ اور ہے

***

غزل 91

جس کو خدا کی ذات پہ ایماں نہیں رہا
جینا تو جینا مرنا بھی آساں نہیں رہا

یہ اور بات کوئی بھی ساماں نہیں رہا
گھر ان کی یاد سے کبھی ویراں نہیں رہا

ان خوشنوا پرندوں کے نغمے نہیں رہے
وہ گل نہیں رہے وہ گلستاں نہیں رہا

ہر موڑ پہ لٹا ہے وہی قافلہ جناب
جس قافلہ کا کوئی نگہباں نہیں رہا

ایک دوسرے کو نیچا دکھانے کی ہوڑ میں
انسان آج دنیا میں انساں نہیں رہا

اوروں کی پردہ پوشی کا جس نے رکھا خیال
وہ شخص دین و دنیا میں عریاں نہیں رہا

اس پیکر جمال کی آنکھوں کو ہے تلاش
دو پل بھی میرے گھر میں جو مہماں نہیں رہا

سینہ سپر ملیں گے ہر اک ظلم کے خلاف
ہم کو مٹانا اب کوئی آسان نہیں رہا

اب تو جدا ہوئے بھی زمانہ ہوا مگر
اک دوسرے سے کوئی پشیماں نہیں رہا

میں نے بھی طے کیا ہے کڑی دھوپ کا سفر
ہر سایہ دار پیڑ کا مہماں نہیں رہا

اس اہل دل نے دل کو کبھی دل نہیں کہا
جو دوسروں کے غم میں پریشاں نہیں رہا

روشن تھی جس کے نور سے ہر شب ہر اک شام
عالم وہ ماہتاب درخشاں نہیں رہا

***

غزل 92

تم تو دل کو اک لہو کی بوند سمجھے تھے جناب
دیکھنے والوں نے قطرے میں سمندر پا لیا

تم سے مل کر ہو گئی ہے ختم صدیوں کی تلاش
آرزو مدت سے جس کی تھی وہ گوہر پا لیا

اب اسے قسمت کہو تم یا کہ میری کوششیں
راہزنوں کی بھیڑ میں بھی میں نے رہبر پا لیا

حق پہ ہو کر بھی بچے جھگڑے سے گر کوئی بشر
وہ سمجھ لے باغ جنت میں سے اک گھر پا لیا

علم کی دولت میسر ہو جسے اس دور میں
اس نے گویا اک خزینۂ سکندر پا لیا

ان کے فانوسوں یں ہونگی گر چہ شمع بیشمار
ہم نے اک جگنو سے گھر اپنا منور پا لیا

اپنے ساقی پہ میں آخر کیوں نہ ہو جاؤں نثار
میکدے میں آستانۂ قلندر پا لیا

نارِ دوزخ بھی بھلا کیوں کر جلائے گی اُسے
ساقیٔ کوثر سے جس نے جام کوثر پا لیا

تم سمندر میں بھی قطرہ کو ترستے ہو عزیز
جس کی قسمت میں تھا قطرے میں سمندر پا لیا

بے وجہ عالم سے لڑکر فاتح عالم بنوں
ایک عالم اپنے ہی سینے کی اندر پا لیا

***

www.ingramcontent.com/pod-product-compliance
Lightning Source LLC
LaVergne TN
LVHW061613070526
838199LV00078B/7264